一語一絵

熊木正則

文化書房博文社

目次

表紙題字　岡本光平
裏表紙絵　Nathalie GUION

絵の小窓

「Sans titre（無題）」

昨年（二〇〇四年）の春、私はマイハート・フランス協会（Association MY HEART FRANCE）会長ブリジット（Brigitte BIZIEN）先生を訪ねた。彼女は十数年勤めたロワール地方の知的障害児養護学校教員を辞めて、ノルマンディー地方の小さな町に移り住み、そこから車で四、五〇分離れたゴロンという町の知的障害児者施設「アテリエール・コルモン（Les ATELIERS de La COLMONT）」に勤めていた。私が訪ねた前年、ディレクター（施設長）の資格をとるため一年間大学に通い、資格論文の試験に合格して副施設長に昇格就任していた。「マサノリ、ワタシガンバリマシタネ」と私を喜ばせてくれた。

彼女は私と妻を四月二日から一八日まで、家族同然の気楽さ、気安さでホームステイさせてくれた。その間に、彼女の案内で施設見学させてもらい、絵画教室（アトリエ）を訪ねた。絵画教室は二〇坪程度の広さで、ガランとしていて、若い女性の担当職員が一人立っていた。今日は活動が休みの日なので、教室には誰も来ないということだった。

その職員は「ここでは描きたいことを自由に描いています。どういう訳か、抽象的な絵を描く人が多く、それが線も色もとてもいいセンスなので驚きます。ここでは木工場や鉄工場、園芸作業場、縫製作業場、機械部品組み立て作業場、レストランなどいろいろな活動経験ができるし、パリでインテリアデザイナーとして活躍している日本人のヤマガタさんが、家具部品の特別注文を鉄工場に作らせ、年に何回か来てくれますから、そういうことが影響しているのかな、と私は考えています」と、絵の活動について説明してくれた。

その後、七、八〇枚の絵をテーブルの上に積み重ね、一枚一枚ていねいに見せてくれた。「先生が選んだ絵を日本に出品しますから、好きに選び出して下さい」と、彼女は私のセンスを試すかのような悪戯っぽい目付きの笑顔で、私に言った。私が七、八枚選び出した絵を見て、彼女とブリジット先生は、「ウィ、ウィ。マサノリのセンスは私たちと同じだわ。それじゃ、この作品を日本のマイハート展に出すことにしましょう」と、その場で出品作品を三人で確認し合うことができた。彼女達は私のセンスに安心していた。

「Ｓａｎｓ ｔｉｔｒｅ（無題）」の作者クリスティ（ＣＯＵＬＤＮＧＥ Ｃｈｒｉｓｔｉｒｅ）さんにどんな気持ちで書いたのか聞きたかったが、会えなかった。この絵を私なりに鳥瞰すると、謎めくフランスの古城庭園のように見えて楽しく、面白いと思った。

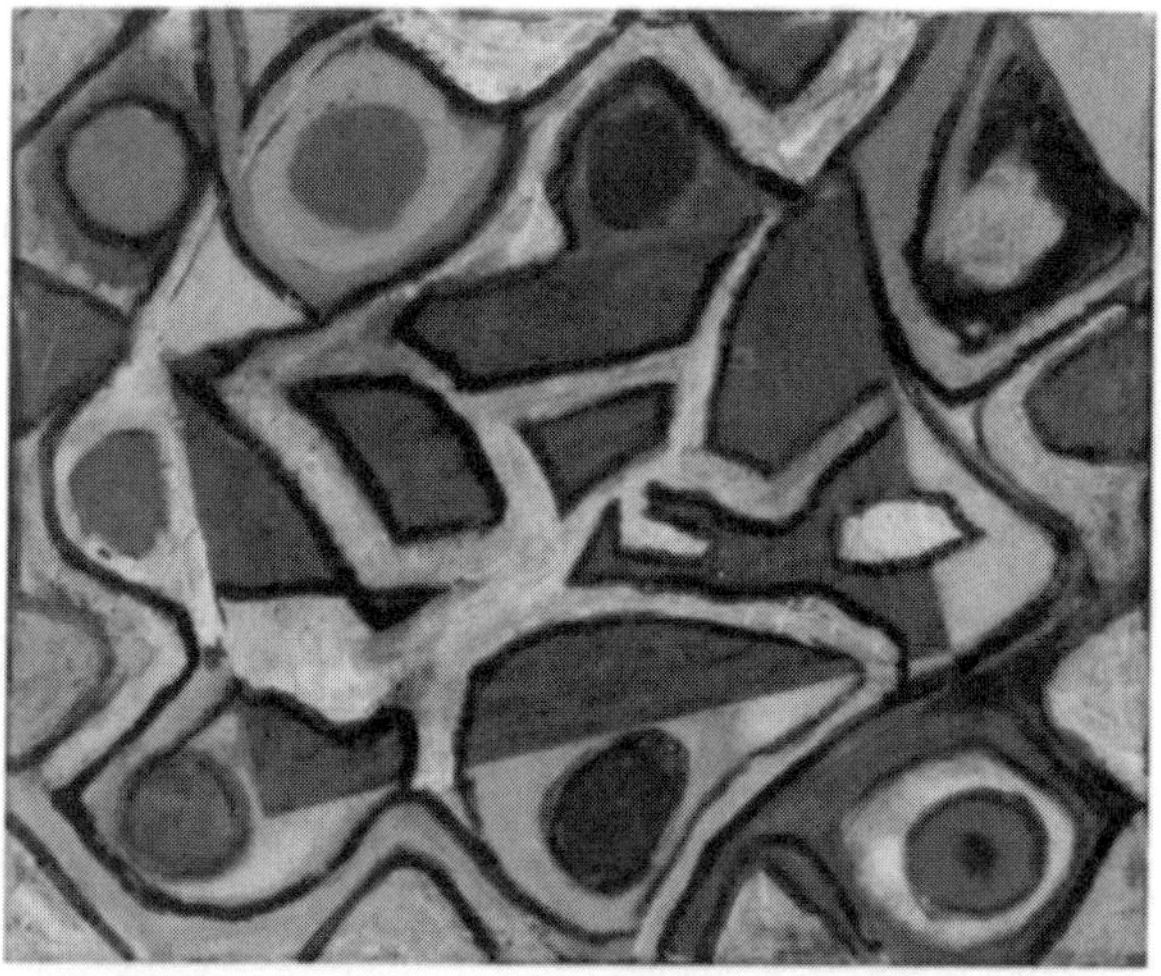

作品名	Sans titre	作者名	COULDNGE Christine
所属団体名	Les Ateliers de La Colmont・FRANCE	寸法(cm)	41×33

「Ｓａｎｓ ｔｉｔｒｅ（無題）」

かつて私は、俳句作家飯島晴子さん（俳誌「鷹」同人。第三一回蛇笏賞受賞。二〇〇〇年没）に絵の鑑賞について尋ねたことがあった。その時飯島さんは「見たまま、感じたままでいい。あれこれ理屈で考えることは愚かなことだ」と教えてくれた。そんなことを思い出しながら、「Ｓａｎｓ ｔｉｔｒｅ（無題）」（ＣｅｎｔｒｅｄｅＪｏｕｒＩＯＮＥＳＣＯ・ＦＲＡＮＣＥ）を第一七回福祉ＭＹ ＨＥＡＲＴ美術展（二〇〇四年一二月一日〜五日・青梅市立美術館）で見た。この作品は、フランス・ノルマンディー地方の知的障害者施設で暮らす人が描いた絵である。

この作品について私が私に見えたまま、感じたままを言うと、餌をねらって海面を飛ぶ鷹のような鳥であったり、フランス中世の王侯貴族の領土争い地図の断片であったり、魚を食べ散らした皿の風景だったりと、赤、黄、青のカラーが織りなす複眼的、俯瞰的なデザインがいろいろな想像力を引き出し、面白く楽しい絵だと思った。また、色彩のバランス感覚がとても優れているとも思った。

この施設のアート教室を毎月一、二回教えている四〇歳代の工芸作家チェリー（ＴｈｉｅｒｒｙＡＵＲＥＧＡＮ）さんに、私の友人ブリジット（ＢｒｉｇｉｔｔｅＢＩＺＩＥＮ・Ａｓｓｏｃｉａｔｉｏｎ ＭＹ ＨＥＡＲＴ ＦＲＡＮＣＥ会長）先生がどうしても会って欲しいということで、彼女に連れられて二〇〇四年四月一一日、彼の自宅兼アトリエを訪ねて会った。彼の家は、ノルマンディーの広大な畑の中にポツンと建つ、古い農家風の作業小屋がある一軒家だった。

チェリーさんはフランス国内やヨーロッパ諸国でガラスを中心とした工芸活動を展開し、自分を「アール・ヌーボー」的なアーチストかも知れないと言っていた。現在、毎月二ヵ所の知的障害者施設のアート教室で、一、二回知的障害の人達を教え、「生徒達の天分豊かな才能にふれあうことで、自分自身が人間的に磨かれ、心の解放感を感じます。クマキもブリジットも、私と障害者の作品に共通の価値観を持っていることは、とても素晴らしいことです。私はブリジットの考えには大賛成で、このノルマンディー地方で展覧会が開催できるよう、今、教会の友人と相談しているところです。具体的なプランについては、ブリジットと相談しながら進めたいと考えています」と、私に熱い思いを語ってくれた。その思いが、トゥールの友人画家セツコ（Ｓｅｔｓｕｋｏ ＦＵＥＮＴＥＳ）さんからの「ブリジットの手紙訳」で二〇〇五年三月五日、「アロンソンというところにある、とても素敵な教会で、六月一四日～六月二四日まで開かれる予定です。」と、ファクシミリで私の手元に届いた。

作品名	Sans titre	作者名	5
所属団体名	Centre de Jour IONESCO・FRANCE	寸法(cm)	42×60

「工事標識」

知的障害者入所施設「青梅学園」（青梅市）の入所者関根正明さん（一九五七年生まれ）の絵画作品と初めて出合ったのは、一九八一年一二月五日だった。私の日記に「娘（八歳）と一緒に青梅信用金庫本店ギャラリー（青梅市）で〝青梅学園作品展〟見学。関根正明さんの絵に感動。手作り画集『ぼくのまわりの車たち』を購入。」とメモ書きされていた。

バザー作品展の絵画コーナーに、関根さんの「高速道路とバス」、「新幹線」、「羽田モノレール」など、カラーのフェルトペンで描いた色彩ゆたかな線描画や黒く細いフェルトペンで描いた白黒線描画が展示されていた。克明に描き出されたそれらの画面からは、五線譜の楽譜から交響曲のメロディーが聞こえてくるような感じがしたことを憶えている。これらの作品に出合ってから一〇年ほど、私は関根さんの線描画を見続けた。彼は心の成長と共に乗り物から道路やマンション建設の工事、アパートや家などの木造建築の工事現場に強い関心をもつようになっていた。

関根さんは学園生活での散歩や外出の時、自分が興味、関心のある工事現場があると不意に立ち止まって、現場の風景にじっと見入って数分間で記憶にとどめ（職員は「脳内カメラ」と言っていた）、学園に帰るとその風景を一気に描き出し、描きあげるまでは食事もとらずに没頭するのだと、当時彼を担当していた先生から、私は聞かされた。彼にしてみれば、今のこの今、この時、この事、この場面の記憶フイルムが、一本一本の線となって画用紙面に描出され、その記憶フイルムから飛び出してくる線を、食事の時間だからといって途中で止める訳にはいかないのだ。私は彼のそうした天分を考えると、「さもありなん」と思った。無我夢中なのである。

「工事標識」は、関根正明さんの初個展「第四回福祉ふれあいＦＲＥＮＤＳ展〝線描の詩〟関根正明（青梅学園）の世界」（一九九一年九月三日〜八日・ＧＡＬＬＥＲＹくえすとＷＡＭＩ・東京都豊島区目白）の作品である。この時、彼は三四歳だった。この絵は休日の工事現場の風景を、黒い細フェルトペンで描いた白黒画面である。精緻、精巧な線描でありながら、画面全体からほのぼのとした温かさが伝わってくる。この温かさは、一本一本の線に関根さんの絵を描く心の楽しさ、安らぎが表出されているからなのだろう。線の伸びやかさ、しなやかさ、そして画面中の標識板の図柄のユーモラスさが、より一層効果的に私たちの心を和ませてくれる。私にとっては、思い出深い作品のひとつであった。

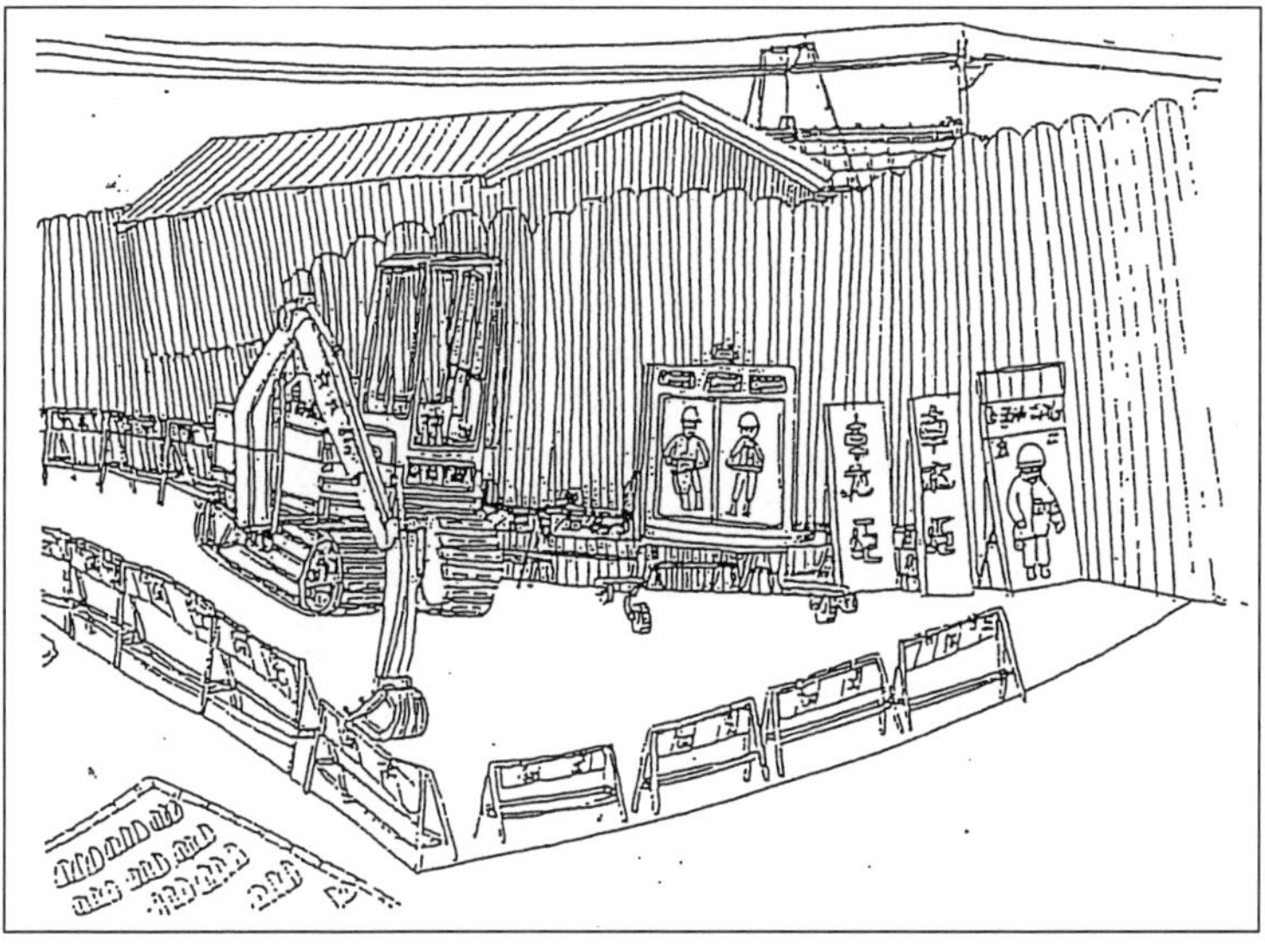

「リカ先生」

吉田尚古《なおたか》さん（一九四六年生まれ。現・山形県の知的障害者施設「水明苑」に在住）が友愛学園成人部（東京都青梅市）焼き物クラスで陶芸活動を始めたのは一九八〇年だった。それから七年後の一九八七年一〇月二三日～二八日の会期で開催された「第二回東京都障害者美術展」（主催＝東京都・日本チャリティ協会、会場＝西武百貨店池袋店）に、腕試しに吉田さんは陶人形「リカ先生」を出品した。幸運なことに、その作品が同展三賞中の優秀賞（審査員特別賞）を受賞したのだ。

「クマゴロウ（私のニックネーム）さんよ、オレ東京で優勝したって、たった今電話があった。びっくりしたけど、〝リカ先生〟作ってよかったなぁ、リカ先生のオッパイさわりたくて一生懸命作ったんだ。でもね、リカ先生に〝スケベ〟って怒られるからさわれなかった。リカ先生はボイン、ボインのオッパイだろう、オレ一度でいいからさわらせてもらいたいなー。オレの気持なんて誰も分らねぇんだよ。オレ、スケベだべぃ、だから優勝なんて信じられない。驚いた、こりゃどうも」と、少し興奮気味の甲高い声で私に受賞電話の知らせを、いの一番に教えてくれた。私は出品を勧めて良かったと思った。

「ナオちゃん、おめでとう。よく頑張ったね、一生懸命やったから優勝したんだよ。女子棟に行ってリカ先生に〝ありがとう〟って言ってあげなさい。お祝いに、ナオちゃんの個展を東京でやれるようにするから、もっともっと頑張れよ」と、私は喜びと励ましを言って、個展の開催を約束した。

私は友人の彫刻・造形作家友永詔光《あきみつ》さんに個展の相談をした。友永さんは「喜んでお手伝いしましょう」と言って、工芸専門の「ギャラリー巴堂《ともえどう》」（東京都新宿区）を紹介してくれた。個展のタイトルは「福祉T

OKYO FOCUS展―詩《うた》え　はばたけ　ぼくの恋人　陶人形たちよ―」（一九八八年五月一日～一〇日・ギャラリー巴堂・新宿センタービル）とし、〝吉田尚古（第2回障害者総合美術展優秀賞受賞）の世界〟と添え書きした。陶人形三五点と墨絵五点を展示、友永さんも木版画「ピエロ」他三点を賛助出展し、堂々たる都心での初個展であった。

「リカ先生」はおおらかな顔の表情とやや太目の胴体、触れてみたくなる乳房に仕上っていて、丹念な指の痕跡から吉田さんの気持が素朴にあふれ出ている作品だった。他の陶人形作品からも、淡いほのぼのとした吉田さんの恋心が立ちのぼっているように思われた。

「CATS DANCE 5」

「熊木さん、フランスへ行くんだったらぼくが人形作りを教えたウノ・セツコという画家がいるから、彼女を訪ねてみたらいいよ」と、友人の彫刻・造形作家友永詔三《あきみつ》さん（東京都あきるの市在住）が、セツコ・ウノ・フェンティス（Setsuko UNO FUENTES）さんを紹介してくれたので、私は一九八六年八月二八日、ロワール（LOIRE）地方の中心都市トゥール（TOURS）市で画家活動をしていた彼女を訪ねた。

私が友永さんの友人で知的障害者施設「友愛学園」（東京都青梅市）の生活指導員であることや、障害者の美術展「福祉MY HEART美術展」活動をしているということで、当時中学校の教員（その後高校の教員と大学の講師）をしていた彼女の夫ピエール・フエンティス（Pierre FUENTES）さんが、情緒障害児養護学校「レッソー」（「I・M・P・L，ESSOR」フランス・トゥール市）を訪問できるように手配してくれていた。

この時の訪問がきっかけとなって「レッソー」校の校長ジャクリーヌ（Jacqueline・C）先生や生徒たちとの手紙と作品の交流が始まり、その後一九九七年に設立された「MYHEART FRANCE Association」（マイハート・フランス協会・会長Brigitte・B）と「福祉MY HEART美術展」との日仏交流へと発展していった。友永さんの紹介は、日仏双方にとってまことに幸運な出会いをもたらしてくれたものと感謝している。

「CATS DANCE 5」は、1から5までの中の一枚である。猫の可愛らしいポーズとあざやかな色塗りの切り紙貼り絵で、フランスの子どもらしい感性の作品である。「CATS DANCE」1から5の作品は、「第三回福祉MY HEART美術展」（一九八八年七月二日～一七日・青梅市立美術館）に出展した後、「第三回福祉ふれあいＦＲＩＥＮＤＳ展」（一九九〇年二月一六日～二一日・朝日ギャラリー・東京都立川市）、「国連・障害者の十年『私の地球・私の仲間』絵画展」（主催ＮＨＫ他・一九九二年一二月四日～二三日・Ｏ美術館・品川区）にも招待出展した。各展覧会場で「フランスの子どもらしい感性で素敵な猫ダンスだ」と、評判が高かった。

「レッソー」校を訪ねたとき、廊下に歌川豊国の浮世絵版画が五・六点飾ってあった。この学校のオーナーのコレクションで、彼は日本の版画が大好きな人だと話してくれた。「ＣＡＴＳ ＤＡＮＣＥ」１から５の色彩感覚と線の構成感覚とに、豊国の版画と何か通じているように私には感じられ、不思議でならなかった。

「**無心**」

米山岳廣先生（武蔵野大学教授）が第一七回福祉MY HEART美術展（二〇〇四年一二月一日～五日、青梅市立美術館）を見学された折、「熊木先生、信行真哉さんに是非作品を出してくれるようお願いしてみて下さい。私の紹介だと言っていただければ、きっと出展してくれるでしょう」と、信行真哉（のぶゆきしんや・一九五七年生まれ。福岡県遠賀町在住）さんに出展を勧めるよう紹介してくれた。米山先生は第一三回同展（一九九九年一〇月二〇日～二四日・同館）の後、「暑中お見舞い申し上げます。2年がかりで障害をもった信行真哉さんの作品を本にいたしました。お読みいただければ幸いです。今後ともよろしくご指導下さい。七月二六日　米山岳広　熊木正則先生」と紹介文を挟みこみ、二〇〇〇年の夏、『信行真哉の世界　ただ無心』（絵・信行真哉／詩・大和蓮華著・一九九九年七月二〇日・鈴木出版社刊）を贈ってくれた。まことに貴重なお心遣いだった。

私はこの画詩集に何回も何回も心を洗い清めてもらった。そして、〃人間本来無一物〃ということを自問自答させられた。また、詩を寄せた大和蓮華さん（浄土宗西山禅林寺派蓮台寺住職夫人・熊本市在住）が、福祉MY HEART美術展に毎回鑑賞文を書いている岩崎巴人画伯（西山禅林寺永観堂僧・千葉県館山市在住）と同じ宗派の寺院住職夫人であることに、ご縁の不思議さを感じ驚いた。

私はこの画詩集を米山先生からいただき、いつかきっと信行さんの作品に出会える日が訪れるだろうと思い念じ続けてきた。今回ようやく米山先生のお口添いで、その願いが実現した。信行真哉さんのお母さんから、「先生からの出品依頼のお手紙と資料をいただきながら、忙しくしていてご返事ができず、大変ご無礼をいたしました。とりあえず、手元にある作品を今日、明日にでも何点かお送りします」と電話をいただいた。その二、三日後に作品が届いた。作品はどれもこれも、信行さんののびやかで、しなやかで、あったかくて広い心が、春の浮き雲のような自在さで描かれていた。私は嬉しい限りだった。

なかでも「無心」は、筆運び、なめらかな線の走りが、画面の余白に心の在り様を写し出しているように感じられ、私はそこに〝無心〟の姿を見る思いがした。目先のうまさ、上手さを越えた、心の真実の在り様を「在るがままでいい」、「在るがままの他なし」と私に問いかけ、諭しているようにも思われた。

「あずみ（映画のタイトル）」

知的障害者入所施設「みくに園」（香川県土庄町豊島）の理事長高田久先生から、障害者の美術についてどのように指導育成していけばよいか」というテーマで同園の職員研修を頼まれ、私は二〇〇〇年三月七日から一〇日の日程で訪れた。その折、せっかく四国に来られるのだからと、高田先生は「この度、MY HEART美術展の運営委員長をされている熊木正則氏が当施設にお出でになります。この際MY HEART美術展に出品されている近隣施設も訪問させていただきたいと存じます。」と事前に、通所施設「ミルキーウェイ」（同県高松市）、入所施設「春叢園」（徳島県松茂町）に訪問依頼状を差し出し、施設訪問の日時を決めておいてくれた。ありがたい心遣い、気配りであった。

そんな訳で三月九日、高田先生の案内で「ミルキーウェイ」を訪問し、私はさをり織りの天才坂口由香さん（一九六八年生まれ。自閉症）に初めて会うことができた。由香さんはどっしりとした体型の堂々とした風貌の人であった。私が初対面の人ということもあってか、ちょっぴり緊張気味と気恥ずかしさをのぞかせながら、私が「こんにちは」と挨拶の右手を差し出すと、「ゆか　でーす」とやわらかく握手をしてくれた。手のやわらかさとは対照的に、目の奥に秘められた閃光の鋭さを感じた。そして私はその瞬間、この眼光の鋭敏な輝きが、あの色鮮やかな常識を超えた配色のさをり織りを織り出すのだと直感した。

由香さんを最も愛しんで見守ってきた妹の坂口照恵さんは、作品集「坂口由香の世界　織」（坂口由香著・二〇〇一年・ホットカプセル刊）の中で「（略）『障害の重い人たちがすばらしい感性を持っていて、すばらしい美術作品を作ることができる。』という話を聞いて、何か営利主義の商売に巻き込まれているんじゃないだろうかとさえ思ってしまいました。しかし姉は、誰から教えられることもなくさをり織りの本質を見抜き、自分で『さおりでイメージが表現できる』ことを発見していたのです。しかもいくら止められても、自分の作りたいものを作り続けていました。私が今まで知っていた価値基準では測れない能力が存在して、それはとても奥が深いもののようです。（略）」と述べていた。

「第一八回福祉ＭＹ　ＨＥＡＲＴ美術展」（二〇〇五年一〇月二六日～三〇日・青梅市立美術館）の出展作品「あずみ（映画のタイトル）」は、照恵さんが述べた由香さんの本質を見事に織り出している作品ではなかっただろうか。

「河童」

私が「この絵は面白い。描けそうで描けない絵だ」と思って、知的障害者入所施設「福生学園」（ふっさがくえん・東京都福生市）の入所者狩佐須重雄（かりさす　しげお）さんの「うさぎ」という作品に注目したのは、「第九回福祉ＭＹ　ＨＥＡＲＴ美術展」（一九九五年・青梅市立美術館）の時だった。この絵は黒地の画用紙に白いフェルトペンの一本線で描いた、単純明快な作品だった。狩佐須さんは当時四八歳と目録に記載されていた。

同園施設長前田弘文さん（二〇〇二年五三歳で急逝）が、「先輩、俺は絵のことはよく分からないんだけど、この絵はどこがいいんですか」と私に質問をした。「うまく言葉で言えないけど、狩佐須さんの心の趣くままにスラスラと滑らかに線が最後まで一本調子で走り抜けていながら、うさぎの本質を事もなく描き切っていて、しかも仕上りが何とも言えないユーモアを与えてくれる伸びやかさかな」と、私は自分が感じたままを前田さんに答えた。「そう言われてみると、確かにそう感じるよ」と、彼は私の感想に同感した。

しかしその後、狩佐須さんは絵を描かなくなった。そのかわりに、学園で木工作業が終ると、木材の端切れを拾い集め、木工オブジェを作り始め、その面白さに夢中になっているとのことだった。前田さんは「どうしたものか」と思って、私にその作品を見に来てくれないかと相談の電話をくれた。私は直ぐ福生学園を訪ね、彼の案内で屋上に上がった。あるは、あるは、大小三、四〇個の作品が屋上に所狭しと置かれてあった。

「これはたいした労作だよ、凄い作品だよ。絵よりももっと進化した狩佐須アートだな。身体全体で自分の心を組み立て、一個一個を自分自身の分身として表現しているように思うね。ペンキで色を塗ったり、マジックで顔全体や顔の部分描きをして、作品に自分の気持を入れこんでいるんだろうね。狩佐須さんにとって、これこそ本当の芸術なのかも知れないよ」と、私は前田さんに話した。当の本人狩佐須さんは「全部俺が作ったカッパだべい」と言っていた。私は「全部が狩佐須さんの大事な、大事なカッパだね」と彼に言った。

「河童」（縦一〇〇×横一〇〇×高さ三〇ｃｍ）は、「第一二回福祉ＭＹ　ＨＥＡＲＴ美術展」（一九九八年一一月二五日〜二九日・青梅市立美術館）の出展作品。このカッパ作品シリーズを二〇〇個、三〇〇個と並べて水田に展示したら、狩佐須アートの素晴らしさが見えてくるように私は思った。

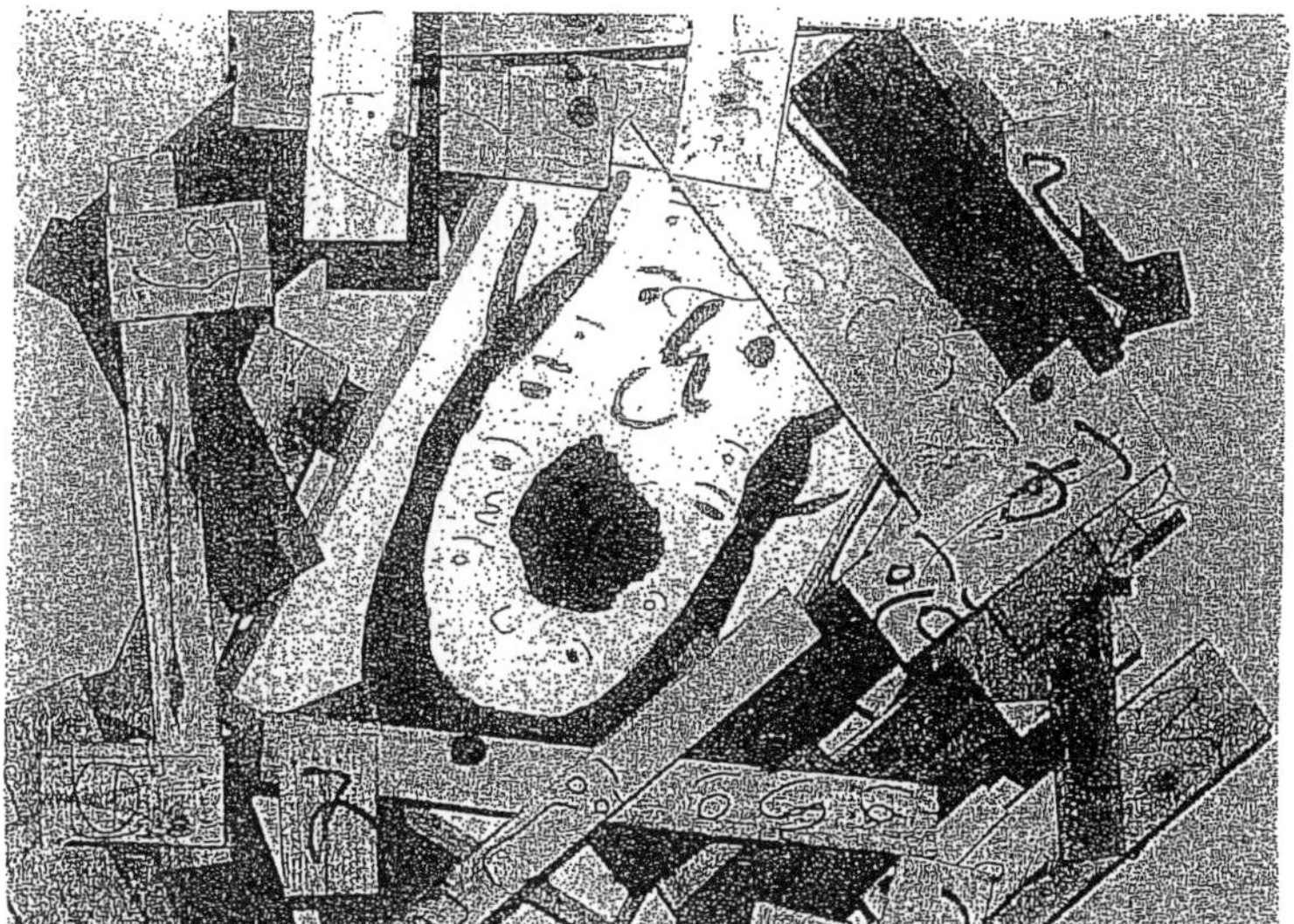

「HANA」

私が上原貴仁（うえはら　たかひと・一九七一年生まれ・自閉症・東京都武蔵野市）さんの作品を初めて目にしたのは、一九九二年二月六日だったと記憶している。当時、「一九八三年〜一九九二年『国連・障害者の十年』最終記念国民会議芸術祭」（開催期間一九九二年一一月二五日〜一二月二〇日・主催『国連・障害者の十年』最終記念国民会議組織委員会）が、〝芸術は境界を超える—すばらしき共生芸術の世界〟というテーマで音楽、演劇、造形や絵画作品等の総合的なアートフェスティバルとして、都内数ヵ所の会場で開催された。その一環として「OPEN MIND ART 1」（一九九二年一二月四日〜九日・朝日新聞東京本社新館「浜離宮朝日小ホール」・東京都中央区築地）が、〝障害とは一体何なのでしょうか？　私たちの常識を打ち破るあふれるような色彩感とエネルギーに満ちた生命力の原点を示す約一〇〇点の作品を展覧します〟というアピールのもとで開催された。

この展覧会は、その当時貴仁さんのアート活動を指導していた書家・造形作家岡本光平さんの企画で、貴仁さんのアクリル画をはじめ、知的障害者通所施設「ひのでユートピアサンホーム」（東京都日の出町）の美術クラブ数名のポスターカラー画、関根正明さん（青梅学園・東京都青梅市）のフェルトペン画、椿三千夫さん（友愛学園・同）の陶板絵、吉田尚古さん（元同園・現水明苑・山形県大石田町）の陶人形などの作品が、出品者別コーナーに数点から数十点展示され、それぞれの創作個性が会場全体に響き渡るような演出効果を醸し出す配慮がなされていた。

一〇〇点近い作品群の中で、貴仁さんの「HANA」シリーズ作品は、群を抜いた光彩を放っていたように私には感じられた。というのも、私の観念では想像したこともない「花」が、花の実在感、質量感とはこういうものなんだと、絵筆からほとばしる情念と絵の具のなまなましい質感とで、私の希薄な常識を突き抜けていたからであった。「ＨＡＮＡ」は私にとっては哲学的な絵の世界でもあった。

二〇〇五年一一月五日、私は久しぶりに貴仁さんの個展「上原貴仁展」（同年一一月二日〜七日・柴山画廊・東京都中央区銀座）を見学した。「ＨＡＮＡ」作品（九一×九一ｃｍ）三点を見て、その変ることのない「花」への熱き情念に心打たれた。そして、昨年見学した洋画家絹谷幸二さんの「旭日薫風富岳」作品に通じる感動を覚えずにはいられなかった。

好きな色、好きなかたちを心の在るがままに表現することが、貴仁さんの絵の世界、心の世界なんだと、私は教えられた気がした。

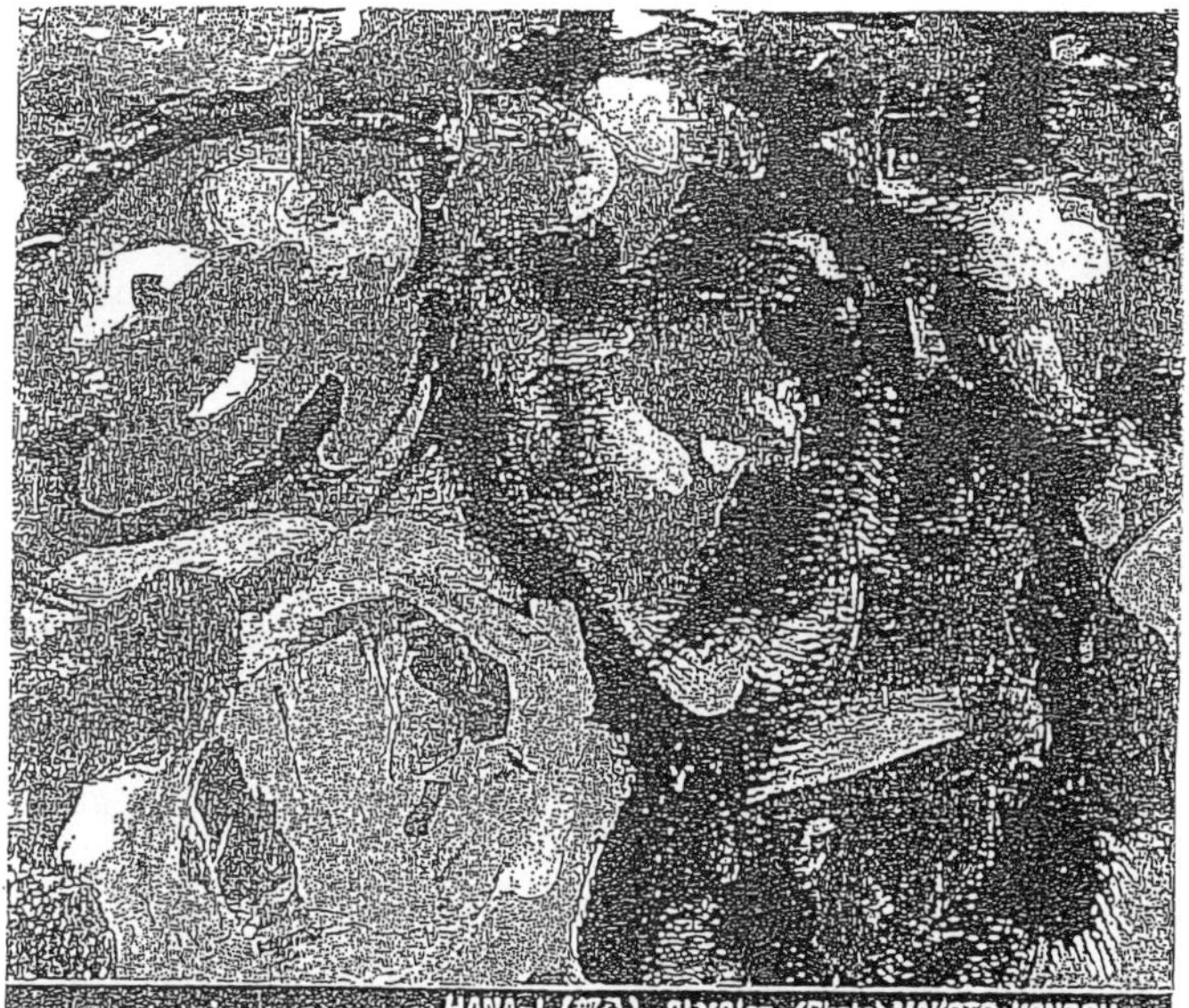
HANA-I（部分） 91×91cm <Photo> MAKOTO・KONDOU

「MON COEUR」

フランスのロワール地方の古都トゥール市にある保険会社アシュラン社（MPF ASSURANCES）ギャラリーで、「福祉MY HEART美術展一〇回記念日仏交流展」を開催したのは、一九九六年の春（会期四月一一日〜五月二四日）だった。

日本からの出品は、知的障害者の作品二七点、プロの賛助作家の作品一二点、フランスからは知的障害者の作品三三点、プロ作家の作品四点だった。トゥール市民にとっては初めての知的障害者の美術展覧会、初めての日本とフランスの障害者国際交流展ということで新聞報道され、大きな話題となり反響を呼びおこし、大勢の市民が見学に訪れた。

四月一〇日、アシュラン社のホールでオープニングパーティーが開かれ、日本の訪問交流団（知的障害の出品者五人を含む障害者八人と施設職員、保護者、ボランティアの総勢二一人）とフランスの関係者約一〇〇人ほどが参加して、盛大に催された。

アンドレ　ロワール県（INDRE ET LOIRE）の県議会副議長、駐仏日本大使館一等書記官、アシュラン社の会長、養護学校の理事長と続いた歓迎祝辞の挨拶が終った後、私は一人の女性を探し回った。

「ムッシュクマキ」と懐かしい声がした。振り向くとその女性が、笑顔で私の細身を抱きしめてくれた。

「今日はお招きいただいてありがとう。あの時の貴方が、こんな素晴らしい展覧会を開くなんて、夢にも思わなかったわ。私はこんなにおばあちゃんになったけど、でもこの通り元気よ。元気な貴方に会えて、こんな嬉しいことないわ」と、抱きしめた手でポン、ポンと私の背を叩いた。私も「私はもっと早くセルソー先生にお会いしたかった。なかなかチャンスがなくて、こんなに遅くなってしまいました。あれから一〇年ですね、ようやくお会いできて、私もこんなに嬉しいことはありません」と、女性に感無量でこたえた。

知的障害児養護学校フィオレッティ（I・R・M・E LES FIORETTI）のヴェノリーヌ　イサク（Vinoline ISSAC）さんの「MON COEUR」は、この展覧会の出品作品であり、案内状にも採用された作品である。私にとってこの作品は、私が初めてフランスの知的障害児養護学校レッソー（I・M・PL，ESSOR・トゥール市）を一九八六年八月二八日に訪ねて、ジャクリーヌ　セルソー（Jacqueline CERCEAU）校長先生に会った時のことを思い出させてくれた作品として忘れ難い。因みに「MON COEUR」は、「私の心」「私の気持」という意味だそうである。

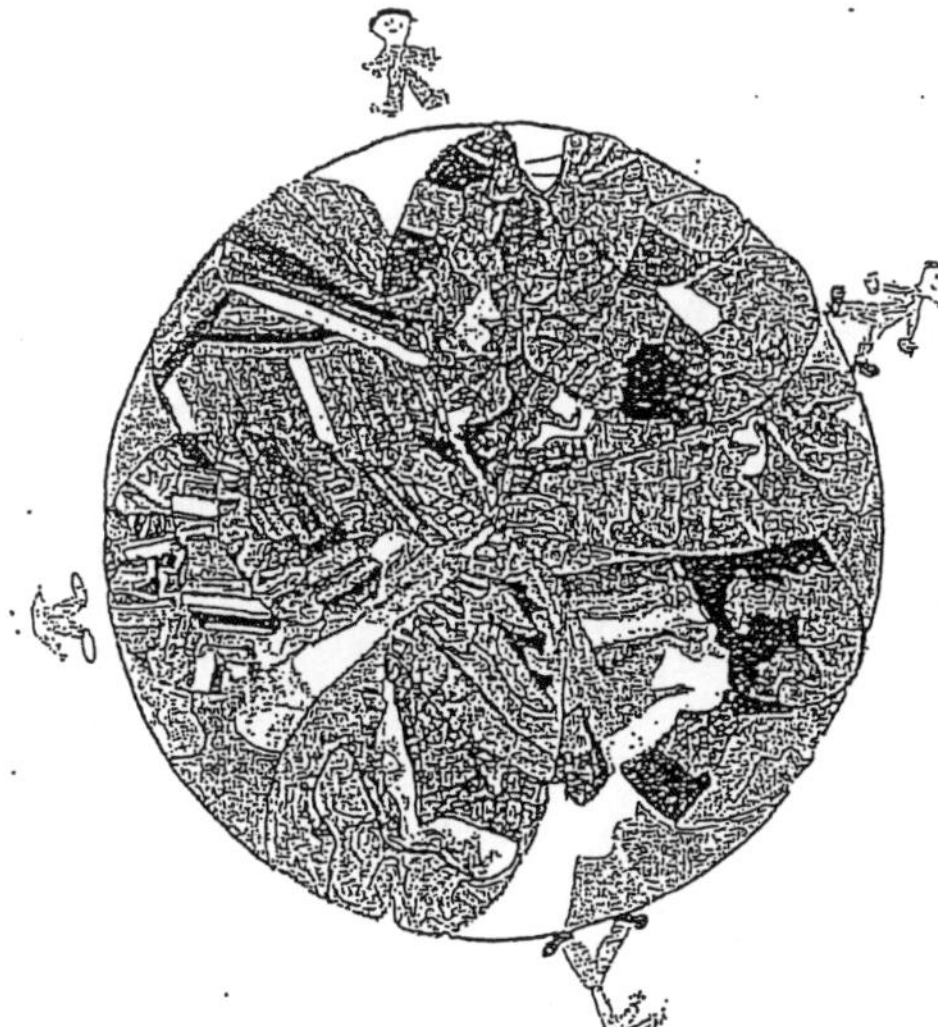

«MY HEART» 1996 - FRANCE -ISSAC VINOLINE - MON CŒUR

「プロレスラーの花嫁」

私が五十嵐勝美さん（ダウン症・福祉作業所「太陽の家」＝現「ひのでユートピアサンホーム」・東京都日の出町）達八人が活動していた「太陽の家絵画クラブ」を訪ねたのは、一九八五年一〇月二六日だった。当時、障害者施設でプロ作家のボランティアが絵画指導をしているクラブ活動は、きわめて珍しいケースだった。この絵画クラブの講師をしていたのは、アメリカ・ノースカロライナ州生まれのビル・ウォーマック（Ｂｉｌｌ　Ｗｏｍａｃｋ・三一歳）さんだった。彼は大学で宣伝と美術を専攻し、日本の禅文化に惹かれて一九八三年に来日し、港区麻布台のビルにデザイン事務所を構えて、グラフィック・デザイナーとして活動した後、五年ほどで帰国した。

ビルさんは一九八四年四月から毎月第四土曜日に来所し、帰国するまで絵を教え続けた。彼は「一人一人の表現力をうまくひき出すことが大切。作品は原初的で、常識にとらわれないストレートな感性の表現がすばらしく、かえって自分の勉強になることが多く、とても楽しいです」と話してくれた。

日本語が分らないビルさんに、イガ栗頭のズングリムックリ体型の五十嵐勝美さん（二〇歳）は、「ビルしゃんはやさしい人、大好きよ。シャイトウさんは怖い人、ダメな人、本当よ。コワーいの。カッチャン、ダメ、ダメ！　って怒るんだもん。オニみたいよ。ビルしゃんはアメリカなの、カッコいいのよ。やさしいから好き。シャイトウちゃんはコワーイ人。カッちゃんはね、アントン（プロレスのアントニオ猪木のこと）が好きなの。分るでしょう……」と話しかけながら、楽しそうに絵を描いていた。ビルさんは分ってか、分らずか、ニッコリ笑顔で「フーン、ヤァ、ヤァ……」と相槌をくり返し打って応えていた。

指導員の斉藤郁子さんは、「カッちゃんは昨日のシイタケ原木を裏山へ運びこむ時、グズって私に怒られた話をしているんだわ」と、思い出し笑いをしながら私に説明してくれた。

「プロレスラーの花嫁」（ポスターカラー画・一一〇×九〇ｃｍ）は、ビルさんの絵画クラブ活動の指導から描き出された作品であり、五十嵐勝美さんの個性が伸び伸びと引き出された表現の作品だと私は思った。この作品を「福祉アブストラクト美術展」（後に、第一回福祉ＭＹ ＨＥＡＲＴ美術展と改称。一九八六年七月五日〜一五日・青梅市立美術館）のポスターに採用し、ビルさんにポスターデザインをお願いした、私にとってはビルさんとの思い出深い作品であった。その後、一九九五年に開催された「障害者アートバンク作品展95夏」（東京コロニー主催・大成ギャラリー）のアートアンダンテ賞特選賞を受賞した作品でもあった。

「天の川」

私がフランスの情緒障害児養護学校「I・M・PL，ESSOR（レッソー）」を訪ねたのは、一九八六年八月二八日だった。以来同校の教員、生徒達との文通、作品の出展交流が、「第六回福祉MY HEART美術展」（一九九二年八月二五日～三〇日・青梅市立美術館）まで続いた。ところが、第六回展終了後、突然「尊敬する校長が辞任させられ、日本と交流ができなくなりました」という旨の手紙が届いた。私はこれでフランスとの作品交流は途絶えてしまうと思った。

ところがその半年後、これまた突然、

「le 11. 02. 93 Bonjour

私はBrigitte RICHARDと申します。知的障害児の教師です。私は三四歳で、一〇人の不適応症（社会生活）の一四歳から二三歳までの人達の面倒をみています。

Mme SchuleとMllefineが、私に貴方と生徒達の絵画を通して交流を続けることをすすめてくれました。私にとっては嬉しいことです。

貴方の活動の中に、私の望む情報を入れて下さることを願っています。貴方との良き出会いでありますことを、お祈り申し上げます。

A Bientot

Bien codliaie meut

Brigitte RICHARD」

（仏滞在約一〇年の画家高橋KOKO訳）

という手紙が届き、私は驚きと同時に嬉しい限りだった。この手紙の後、Brigitte（ブリジット）先生は、自分の知的障害児養護学校「I・R・M・E Les FIORETTI（フィオレッティ）」の生徒作品を「第七回福祉MY HEART美術館」（一九九三年九月二二日～二六日・青梅市立美術館）に出展してくれて、フランスとの作品交流は途絶えずに済んだ。

同校生徒Ｆｒａｎｃｉｎｅ ＧＥＲＢＥＲ（フランシーヌ）さんの作品「天の川」（布貼絵・六一×四六ｃｍ「第九回福祉ＭＹ ＨＥＡＲＴ美術展」一九九五年八月二九日〜九月三日・青梅市立美術館出展作）は、一九九四年九月一七日ブリジット先生を初めて訪ね、彼女がフィオレッティ校を案内してくれた時、私にプレゼントしてくれた作品であった。

私はこの作品を目にした瞬間、「あっ、ｖａｎ Ｇｏｇｈ（ファン ゴッホ）と同じ日本への憧れだ」と思った。そして、それが布貼り絵で胸元の短尺様の布切れに〝天の川〟とあり、あまりの巧みさと器用さにびっくりした。

ブリジット先生は、「フランシーヌは天才的な子だった。もう卒業して学校にはいないけど。彼女の父親が日本を大好きな人で、この絵はきっと父親の本のグラビアか絵ハガキから捜し出して、それを見てデッサンしたんだと思う。色は多分、彼女のオリジナルだと思うわ。感覚の鋭い子だったから」と、私に説明してくれた。

「天の川」は、私達の出会いと日仏交流の進展を導いた作品だった。

「やぎ」

私が知的障害者入所施設「友愛学園」（東京都青梅市）成人部の入所者実川正浩さん（ダウン症）と出会ったのは、同園の生活指導員になった一九七三年二月一日からだった。それから同学園を定年退職するまでの三〇年間、私は彼と施設生活の苦楽を共に過ごした。

「長男の正浩は昭和十九年二月に誕生した。そして、この運命の子は八ヶ月の未熟児としてこの世に生まれ出で、重度の精神薄弱児として薄幸な人生を生きることになった。戦争末期のあの空襲に追われる日々がたたって肺炎を患い、高熱のために脳をやられてしまった。次女から数えて九年ぶりの男の子の誕生の束の間、家族はこの運命の子を力を合わせて育んできた。」（実川博著「実川博回想録・いのち燃えて」昭和五八年六月一二日実川博回想録刊行会・非売品）と、父親実川博さん（小学校長後、東京都議会議員三〇年を務め勇退。故人）が回想しているように、生後の肺炎による高熱のため重度の知的障害となった人である。六二歳の現在も頸椎ヘルニアで下半身麻痺のベッド、車椅子生活ながらも、明るく元気に過し、周囲の人々に「生きて在る」ことの意味と励ましを与えている。

私はそんな彼と施設生活を送る中で、彼に美術表現的な世界があるとは、ゆめゆめ思わなかった。ところが、彼を中心とした重度者グループに粘土活動を試したところ、小さな団子に丸めたり、棒で突いたり、楽しそうにくり返し、くり返し粘土と戯れた。これは何とかなりそうだと予感した。案の定、ある日のこと、同じグループ活動の担当者山本以文さん（現在、同学園成人部副施設長）が、「いや驚いた、実川がこんな作品をつくったよ。熊木さん信じられますか」と言って、私に陶板絵を一枚見せてくれた。「これは素晴らしい。実川の奇跡的な作品だね」と、彼の根気強い指導力と作品の出来栄えを褒めた。

彼の話によると、粘土板を三〇枚ほど次々と実川さんの目の前にセットし、箸で突かせたり、描かせたりした中の一枚で、残りのものはグチャグチャに突き崩し、描き破ってものにならなかったそうである。私は「古代文明の壁画に通じる原始的な美だ」と感じ、この陶板画に「やぎ」（一二×一五×一ｃｍ）と名付けた。私にとっては、この絵が最初で最後の記念すべき実川正浩さんの作品だった。

早速私はこの年の「友愛学園」成人部代表作品に選び、「第九回福祉ＭＹ ＨＥＡＲＴ美術展」（一九九五年八月二九日〜九月三日・青梅市立美術館）に出展した。また、日本の重度知的障害者の代表作品に選び、「福祉ＭＹ ＨＥＡＲＴ美術展一〇回記念日仏交流展」（一九九六年四月一一日〜五月二四日・ＭＰＦ ＡＳＳＵＲＡＮＣＥＳ・ＴＯＵＲＳ・ＦＲＡＮＣＥ）にも出展した。この陶板画は、正浩さんの人生に咲き誇った〝心の花〟一輪であった。

「顔」

私が勤めていた（一九七三年〜二〇〇三年）「友愛学園」（東京都青梅市）成人部の入所者四〇人（一九八八年三月まで。同年四月からは定員六〇人）中、「面白い、凄い」と思った絵や陶器作りに傑出した人が三人いた。佐藤清さん、吉田尚古さん（現在は山形県の「水明苑」に在住）、そして今回の椿三千夫さん（一九五〇年生まれ。ダウン症）である。

椿さんは頑固一徹、几帳面な性格の持ち主で、陶器は壷、花瓶作り、絵はマジック画で鳥、魚、花瓶、花、人物…など十種類ほどのパターンを持っていて、その日、その時、その気分で日記がわりに描き続けていた。

一九九二年の春先、私は友人の画家・絵本作家田島征三さん（当時東京都日の出町、現在は静岡県伊東市在住）から「熊木さん、知的障害者アート活動についての原稿を書いてくれないか」と頼まれた事があった。その時、「椿さんの絵を裏表紙に使いたいから絵を見せてくれ」とも頼まれた。その雑誌は絵本作家が持ち回りで責任編集している季刊誌「絵本ジャーナルＰｅｅＢｏｏ」一九九二年一〇号（ブックローン出版株式会社・一九九二年七月三一日発行）であった。私は早速、椿さんに事情を話した。「うん、いいよ」と同意し、彼は十数枚の絵を選び出してくれた。

私はその絵を見せに田島さんを訪ねた。彼は「面白いね。僕が使ってるマジックで描くともっと良くなるよ」と、〝ＤＥＳＩＧＮ ＭＡＲＫＥＲ〟というマジックを使用させるようアドバイスしてくれた。

数日後、私は椿さんを連れて青梅市内の事務用品店に行き、田島さんが紹介してくれたマジックの一二色と二四色セット二箱と、彼が常時使っている原色のマジックを数本バラ買いした。ついでにスケッチブック、画用紙も数種類買い込み、「これで思いっ切り描けよ」と言って、店内で手渡した。彼は「うん、オッケィーだよ」と大喜びで受け取った。

　こんないきさつがあって描いたのが、この「顔」（マジック画・二七×三八ｃｍ。「第八回福祉ＭＹ　ＨＥＡＲＴ美術展」一九九四年一〇月一九日～二三日・青梅市美術館出展）だった。田島さんのアドバイスどおり、絵が画面から浮きたつように見え、椿さんの絵心が輝き迫り来るような出来栄えだった。

「絵が凄く上手に描けたな。田島さんが椿さんはとても良くなったって褒めてたよ」と感想を伝えると、「ウッヘヘヘ……そーかよ。クマゴロウがマジックをいっぱい買ってくれたからな。サンキューね」と椿さんは得意満面の笑顔で応えた。この絵は、歌舞伎役者市川団十郎の隈取りのような美しさが私には感じられ、椿さんの作品の中でも傑作中の傑作だと思った。後年、彼の絵がフランスの障害者達にも影響を与えたことを、私は知った。

「おかあさん」

重度の知的障害と重度の肢体不自由が重複している児童と成人が入所生活している重症心身障害児・者医療福祉施設「東京都立府中療育センター」(東京都府中市)指導科職員の瀬間弥栄子先生が亡くなって、早や一〇年が過ぎ去ろうとしている。

私が瀬間先生の死を直接知ったのは、

「前略　私は瀬間弥栄子の姉で、藤本と申します。先日、整理のため、実家へ行きました折に、熊木様からのお手紙など拝見いたしました。昨年の三月に在宅看護で母を看取った妹が、その後を追うように七月に亡くなって、あっという間に一年が過ぎようとしております。

兄弟の反対を押し切って、介護休暇まで取っての献身的な看病が半年、母の事に関しては悔いがなかったと言いながら、今にして思えば命と引き替えの行為であったように感じられます。

そんな妹が熊木様とのご縁でも、このようなお志しを頂きましたこと、姉として心よりお礼申し上げます。ありがとうございました。」という、お姉さんからいただいた手紙であった。

詳しい事情については知る由もなかったが、母親を看取った後癌で亡くなったとのこと。

瀬間先生はテキパキと物事を判断し、活力に満ちた健康的な人だった。また、万葉歌人を思わせるような気品と、鈴蘭のような清々しさが感じられる美しい人だった。そんな印象の瀬間先生が、働き盛りの年齢で癌に侵されて亡くなるとは想像もつかない事だった。

「熊木さん、この人達は障害が重くて今まで美術館に入ったことも、自分の絵を美術館に飾ったこともなかったんです。お昼ご飯だって外で食べたことがなかったんです。それがこの美術展で実現しました。この人達にとって、このことは生涯忘れ得ない思い出の日になると思います。これからずっとこの美術展を続けて、重い障害をもっている人たちに夢を与えてやって下さい。私達も毎年この美術展に来れるように、何とか頑張りますから」と、「第一回福祉ＭＹ　ＨＥＡＲＴ美術展」（一九八六年七月五日～一五日・青梅市立美術館）の会場で、瀬間先生は美術展の意義を私に教え、励ましてくれた。

村木隆さん（当時三八歳。東京都立府中療育センター）の「おかあさん」（クレパス・水彩画　六五×四九ｃｍ）は、「第四回福祉ＭＹ　ＨＥＡＲＴ美術展」（一九八九年七月一八日～二三日・青梅市立美術館）の出展作。

作者は「お母さん、お母さん……」と一心に念じながら描いたことであろう。目の表情に、お母さんへの思いが滲んでいるように私には感じられた。思わず詩人サトウ　ハチローの「ああ　その悲しさだけが　わが母に似て……」の詩句が思い起された。同時に、元気だった当時の瀬間弥栄子先生に、どこかしら似ているように感じられ、私にとっては懐かしくもあり、切なくもある作品となった。

「**地球時計**」

知的障害や視覚、聴覚、肢体不自由などの障害をもつ人達が、不用となった絹や木綿の着物や布団を裂いて、高機や「さをり」機で織り直す「裂織り」という手法で生地を再生し、バッグやベスト、ポンチョ、マフラー、コースターなどの実用品に仕立てて販売する心身障害者通所授産施設「社会福祉法人つむぎ・おだまき」（東京都小平市）の作品を、フランスの心身障害者美術展に出品させていただいたことがあった。

その作品は〝ドルフィンズ〟という四人が共同制作したタペストリーで「クリスマスツリー」（「第一二回福祉ＭＹ ＨＥＡＲＴ美術展」一九九八年一一月二五日〜二九日・青梅市立美術館出展・縦一〇〇×横一〇〇ｃｍ）という作品だった。「おだまき」では初めての海外出展だった。そこで、この機会にフランスの美術展を訪ね、自分達の織物作品がフランスの人達にどんな印象を与えたかを確かめたいと、施設長岡田眞人さん、通所者滝沢あかねさん（知的障害・ダウン症）、母親喜恵子さんが、「ＭＹ ＨＥＡＲＴ ＦＲＡＮＣＥ」展（一九九九年四月二八日〜五月八日・ＧＡＬＥＲＩＳ ＬＡ ＰＡＳＳＥＲＥＬＬＥ ＥＴ ＭＡＴＨＵＲＩＮ・ＴＯＵＲＳ ＦＲＡＮＣＥ）の見学に出かけた。

当時、私の一人っ娘の伊万里がＴＯＵＲＳ大学に語学留学していたので、「〝おだまき〟の三人が美術展見学でそっちに行くから、Ｂｒｉｇｉｔｔｅ先生（ＭＹ ＨＥＡＲＴ ＦＲＡＮＣＥ協会長）、Ｓｅｔｓｕｋｏさん（ＴＯＵＲＳ在住画家）によろしく伝えてね」と、電話で頼んだ。「分った。二人には直ぐ電話をする。トゥールはパリよりずっと安全だから、私も案内を手伝うから心配しないで」と、娘は言った。

三人は美術展見学を無事済ませた後、同展副会長Ｂｅｒｎａｒｄ先生の家に招かれ、先生夫妻、Ｂｒｉｇ

ｉｔｔｅ先生、Ｓｅｔｓｕｋｏ夫妻、娘と夕食のホームパーティを楽しみ、あかねさんも上機嫌で過してくれて、とても良かったと娘から電話があった。

「おだまき」の末永隆太さんの「地球時計」（「第一七回福祉ＭＹ ＨＥＡＲＴ美術展」二〇〇四年一二月一日～五日・同館出展・φ二四ｃｍ）は、裂織りの生地の上に日本列島、オーストラリア大陸、極東アジア大陸朝鮮半島を布貼りした円形の時計盤。白い秒針、長針、短針がその盤上の時を刻む動きに見入っていると、いつの間にか色分けされた盤上の大陸や海を渡り歩いてみたい思いが湧いてくる。時計の縁どりを含めて色とりどりの配色、配置の図形と白い針からの想像が、旅の気分を誘い出してくれたからなのだろう。

私にとっては見果てぬ旅の「地球時計」であり、フランスへ行った岡田施設長や滝沢さん親子には「ＭＹ ＨＥＡＲＴ ＦＲＡＮＣＥ」展の思い出の旅時計であり、末永さんには「おだまき」の夢と希望をさまざまな色と模様で織りなす機時計なのかも知れない、と思う作品だった。

「ｇｅｈｉｌｔ」

はじめまして、私は熊木正則（四三歳）といいます。このたび、私の同僚小林弘政さんが貴方の施設を研修訪問した際に、私の心身障害者美術展「福祉ＭＹ ＨＥＡＲＴ美術展」の作品集をプレゼントしたことと思います。そこでこの美術展に貴方の施設の人達の作品を出品させていただき、作品を通じて心身障害者の国際文化交流をはかり、相互理解を深めたいと私は考えています。

一九八六年の夏、私はフランス・トゥール市の「Ｉ・Ｍ・ＰＬ，ＥＳＳＯＲ」という知的障害児の学校を、同市在住の友人画家の案内で訪問しました。その時、校長先生が私に生徒の絵を五点プレゼントしてくれました。その作品を「第二回福祉ＭＹ ＨＥＡＲＴ美術展」（一九八七年七月四日〜一五日・青梅市立美術館）に出展しました。そうしましたら、〝フランスの障害者の絵を見るのは初めてだ〟といって、大勢の市民が見学に訪れ、「フランスらしい」と感動してくれました。

心身障害者は障害が重度であればあるほど、本人自身の直接的な海外訪問の国際交流は困難な事だと思います。しかし、このような作品を通じての交流であれば、間接的ながらも私達の努力で可能となります。このような方法で国際交流をはかり、相互理解が発展していくならば、その意義は大きいと考えますが、いかがお考えになりますでしょうか。

そこで私が今お願いしたいことは、この美術展への作品交流に対する私の考えに賛同できましたら、是非とも「第三回福祉ＭＹ ＨＥＡＲＴ美術展」（一九八八年七月二日〜一七日・青梅市立美術館）に出展作品五点を送っていただきたいということです。どうぞ、この願いがかなえられますよう、ご配慮いただきたく、よろしくお願い申し上げます。

なお作品には、①作品のタイトル、②作者名、③年令、④施設名、⑤住所、⑥電話番号を添付して下さい。

一九八七年一一月一一日

熊木　正則

この手紙は、西ドイツ・ミュンヘン市の最重度障害児者施設「SPASTIKER ZENTRUM MUNCHEN」に妻法子の英訳で書き送ったものである。

当時はベルリンの壁が崩壊（一九八九年）し、東西ドイツが統一（一九九〇年）される少し前だった事もあって、果してこの手紙が信用され、正しく理解されるだろうかという不安があった。どうやら信用されたたらしく、作品六点が送られてきた。私は「思いが通じた」喜びと、「案ずるより生むが易い」とはこういうことかと思い、嬉しい限りだった。

その中のひとつ、Stefan BUSUNさんの「geh·ilt」（縦四三×横三〇cm）は、多分友達の笑顔を描いた作品ではないだろうか。直截な動きの力強い線、単純明快な顔の表情からは、ピカソやダリさながらの感性が働いているように感じられ、私は傑作だと思った。

「petite fille a la plage」

Nathalie GUIONさん（フランスLOIRE地方INDRE et LOIRE県RICHELIEU市の知的障害児養護学校「I・R・M・ELES FIORETTI」校の生徒・一八歳）の作品「petite fille a la plage」（Carton plume画・五〇×三〇cm・「第一一回福祉MY HEART美術展」一九九七年一〇月二二日～二六日・青梅市立美術館出展）の少女は、海の彼方を見つめながら何を思い浮かべて、浜辺に立っているのだろう。

私は友人の彫刻・造形作家友永詔三さんから、「『ねむの木学園』の絵は、詩や音楽が聞こえてくる」と聞いたことがあった。

そんな事を思い出してこの絵をじっと見ていると、「海は広いな大きいな」とか「かもめの水兵さん」、「海原遠く」と小学生の頃に唄った歌が聞こえてくるような気がした。そして、「わたしの知っているもの、わたしのものであるもの、それは涯しない海だ。」というアンリ・ミショーの詩を思い出した。

その一方では、肝臓癌で五三歳という若さで亡くなった後輩の前田弘文さん（社会福祉法人あすはの会理事・知的障害者入所施設「福生学園」「福生第二学園」創設。統括園長）の事が思い出された。私は彼に「福祉MY HEART美術展一〇回記念日仏交流展」（一九九六年フランス・トゥール市で開催）の親善訪問団長（参加者二一人）をお願いした。同展では初めてのフランス訪問だったが、彼はその大役を無事果たしてくれたのである。フランス中世の修道院を改造した重症児者施設訪問の挨拶で緊張した彼の面持ちや、帰国の飛行機中での中で安堵感に包まれた安らかな寝顔は忘れ難い。来年、二〇〇七年九月にフランス・ノルマンディ地方の古い教会（修道院）で「MY HEAR

ＴＦＲＡＮＣＥ協会」設立一〇周年、「福祉ＭＹＨＥＡＲＴ美術展」第二〇回展との記念事業「ＭＹＨＥＡＲＴ仏日一〇＆二〇記念交流展」開催が計画されているが、その開催時にはもう彼と一緒に行けないのかと思うと、言い知れぬさびしさにおそわれる。「生々流転」の淋しさ、悲しさとは、こういうことなのだろう。

　ところで絵の中の少女のワンピース、太く長く編みこんだ金髪に結ばれた花リボン、右手に掴んでいるチェック模様の帽子とリボン、本当に可愛らしい少女の後ろ姿だ。少女が見つめる水平線とヨット、やがては暮れていくであろうフランスの長い夕暮れの空を飛ぶ鴎。その単調な描き方の中に、少女の夏の思い出がゆるやかに、ゆっくりと想像される効果がもたらされている。その日、その時、その場所に立った晩夏の少女の哀愁感が見事に描き出されている作品だと、私は思った。

　Ｎａｔｈａｌｉｅさんがこの絵を描いてから十年余が過ぎた。私は彼女の学校を二度ほど訪問したが、その時校内のどこかですれ違っていたのだろうか。今は、すてきな恋人と巡り合って一緒に楽しく暮らしていることだろう。

「お昼寝」

東京都の多摩地区には知的障害児者、身体障害児者、重症心身障害児者の入所、通所、医療ケア福祉施設が沢山ある。東京オリンピック（一九六四年）を契機に、日本経済の急速な高度成長にともなって都心の再開発が進み、開発後の街はオフィスビル化、高層マンション化してしまい、障害児者にとっては街が便利で効率化すればするほど住みにくい環境となった。多くの福祉施設が多摩地区の緑ゆたかな自然環境と生活空間の広さを求めて移転、新設されたことによるのだろう。

私がそんな多摩地区の心身障害児者福祉施設で働く友人、知人に呼びかけ、心身障害児者の美術展「福祉MY HEART美術展」を結成して青梅市立美術館で展覧会をスタートさせたのは、一九八六年のことであった。

当時は金もない、社会的地位も肩書きも知名度もない一介の知的障害者施設の生活指導員に過ぎなかった私の呼びかけに、果たして作品が集まるだろうかと、不安な気持でいっぱいだった。また、もし美術展を失敗して重大な過失責任が生じたら、その責任をとって生活指導員を辞めることで社会的な決着をつけようと覚悟していた。

しかし、結果的には私の思いが通じたのか、二六団体（福祉施設）から出展参加申し込み書が届き、グループ制作者数を含めて制作者は約三〇〇人、作品数は一四九点と、全く予想外の多さであった。皆が待ち望んでいた美術展だったことが、この数字で証明された。また、新聞各紙とも多摩版に「都内初の障害者美術展」と大きく報じてくれた。その取材協力もあって、美術展費用は寄付金、お祝い金、私のポケットマネーで何とか収支決算をすることができた。友人記者から「ポケットマネーを使うようでは半人前だよ」と冷やかされた。今も毎月ネットワーク活動でポケットマネーを使っているから、美術展の組織としては半人前に変りはない。（私はボランティア活動の個人負担として割り切っているが……。）

奥田浩子さん（当時二八歳。「島田療育園」〈現・島田療育センター〉東京都多摩市）の「お昼寝」（マジック画・37×47ｃｍ）は、「第一回福祉ＭＹ ＨＥＡＲＴ美術展」（一九八六年七月五日〜一五日・青梅市立美術館）出展作。絵画、陶芸、木工、染色、織物等多種多様な作品の中にあって、この「お昼寝」は、私の目を引く作品の一つであった。

画面全体を走る線がやわらかく、画像はほんのり、ふんわりとしたあたたかさに包まれ、いかにも昼寝らしいまどろみ、呼吸の安らかさが、心地よく伝わってくるのだ。この絵を見ていると、医療ケアの重症障害があろうとなかろうと、昼寝のまどろみの安らぎは、全ての人に等しく感じられることを物語っていた。単調な描き方ながらも、私はそこに人間の安らぎの不偏性と普遍性があるように感じた。線のやわらかく自由な流れと単純化、色の対比感覚などが、ピカソやシャガール、岡本太郎に通じているように思われてならなかった。

「無題」

知的障害者福祉作業所「白百合学園」（東京都立川市）の通所者奥野興一さん（一九四一年生まれ。知的障害）のクレヨン画「無題」は、「第三回福祉ふれあいFRIENDS展」（一九九〇年二月一六日〜二一日・朝日ギャラリー・東京都立川市）の出展作品。

この作品展は東京都多摩地区の「白百合学園」の他「青梅学園」（東京都青梅市）、「友愛学園成人部」（同）、「滝乃川学園成人部」（同国立市）、「日の出太陽の家」（同日の出町）、「太陽の家福祉作業所」（同・現「日の出ユートピアサンホーム」）、「いもっこ実生学舎」（同立川市）の入所者、通所者のグループ展だった。知的障害者のこのようなグループ展や個展が、全国各地の美術ギャラリー専門店で開催されるようになり、今では珍しくも何ともなくなったが、当時としてはかなり先進的な出来事だった。

というのも、この当時はまだ知的障害者の美術的な作品に対する社会の関心や認識が浅く、施設現場の職員の中でさえも充分な理解が得られない状況であったからだ。ましてや美術ギャラリーの専門店では、作家の作品販売を営業としている訳だから、知的障害者の作品展などもっての他というのが、社会常識としては無理からぬことでもあったのだ。

そんな情勢の中、朝日新聞の姉妹紙「アサヒタウンズ」（多摩地域の週刊新聞・東京都立川市）の記者榎戸友子さんから「うちのギャラリー担当者に紹介するから、彼女に相談してみたらどうですか」とギャラリー部門の担当者半田真理子さんを紹介され、この二人の好意によって一九八八年に「福祉ふれあいFRIENDS展」の第一回展を開催、以降三年連続で開催することができたのである。

この機会に知的障害者の作品を多摩地域の人々にピーアールしたいと思い、五枚組みの絵葉書を二〇〇セット作製した。絵葉書と作品展の費用捻出のため、日本画家岩崎巴人さん、画家・絵本作家田島征三さん、彫刻・造形作家友永詔三さん、洋画家宮トオルさん、八木道夫さんからの寄贈作品を展示即売した。

岩崎巴人先生が千葉県館山市から見学に来られ、「無欲無心の芸術作品、心の芸術表現を見せていただいた」と誉め称えた。私はこの称賛のことばに、恐れ入るばかりであった。

奥野興一さんの「無心」は、巴人先生の「無欲無心、心の芸術」と言った、まさしくそのことばの証しとも言える作品にピッタリしていたように、私には感じられてならなかった。画面は何をどうのこうのと形作ったり、何かもの言いを描き出そうなどという意図は全くなかった。ただひたすら心のおもむくまま、気のむくまま、画面をあるがままの心で走り、唄い、風に吹かれ、その自在なリズムとメロディーで、クレヨンの詩を描き出しているのだ。この絵は、私にとっては目から聞こえてくる音楽、モーツアルトの交響曲からとび出してきた絵のようで楽しい限りだった。

「チューリップ」

「わぁー、凄い。こんなチューリップの花は初めてだ！」、「こんなチューリップって、本当にあるのかしら。私たちに見えない形が、この人には見えたんだわね」、「凄い迫力だね」と、「第一九回福祉ＭＹ　ＨＥＡＲＴ美術展」（二〇〇六年一〇月四日〜九日・青梅市立美術館）の見学者たちは、それぞれ思い思いの感想を口にしていた。

知的障害者入所施設「花の里」（東京都青梅市）の入所者榎本宏さん（知的障害・五九歳）が描いた「チューリップ」（水彩・クレヨン画、九〇×七〇ｃｍ）は、この展覧会の出展総数一〇二点の中で、注目画、話題作のひとつになっていた。榎本さんをはじめ「花の里」の芸術班の人たちに絵画を教えている生活指導員で、自らもアート活動をしている若林佳史さんに「どんな風に絵を指導しているんですか」と、私は聞いてみた。

「ぼくは特別なことは何もしていません。本人が描きたいと思っていることを自由に描いてもらっているだけです。ただ、描いたものがより効果的に見えるように、〝この色かな〟、〝あの色かな〟、〝それともこれとあれを混ぜた色かな〟と言って、本人が好きな色を選べるように絵の具を準備する程度のことです。それから放っておくと、描きこみ過ぎたりして、最後は画面が真っ黒になってしまう人がいるので、そういう人には、〝はい、そこで終り〟とか、〝それでいいよ〟と、ストップをかけてやりますけど。要は本人が楽しく、楽しんで絵を描ければいいことですからね」と、語ってくれた。私は知的障害者の絵心を、とても良く理解している人の話だと思った。

ところで、榎本宏さんの「チューリップ」は、オレンジ色の花びら一枚一枚が天に向って燃え立つ炎のような力強さと、花の意志のような気迫に満ちたエネルギーとが、画面いっぱいに描き出されていた。やはり私も「凄い絵だ」と思った。そして、花首と茎とのズレに何とも言えないほほ笑ましさ、作者の心の温かさが感じられ、「にんげん」的だった。

私は思わず、書家相田みつおさんの

「庭の水仙が咲き始めました
　水仙は人に見せようと思って
咲くわけじゃないんだなあ
ただ咲くだけ
ただひたすら……

　人が見ようが見まいが
　そんなことおかまいなし
　ただ　いのちいっぱいに
　自分の花を咲かすだけ
　自分の花を―

（相田みつお著『にんげんだもの』一九八四年・文化出版局刊。詩〝のに〟より）

という詩の断片を思い出していた。というのも、「チューリップ」に描かれていた雄蕊が、この詩を奏でる、歌っているかのような音符に、私には見え、思えて仕方なかったからだった。

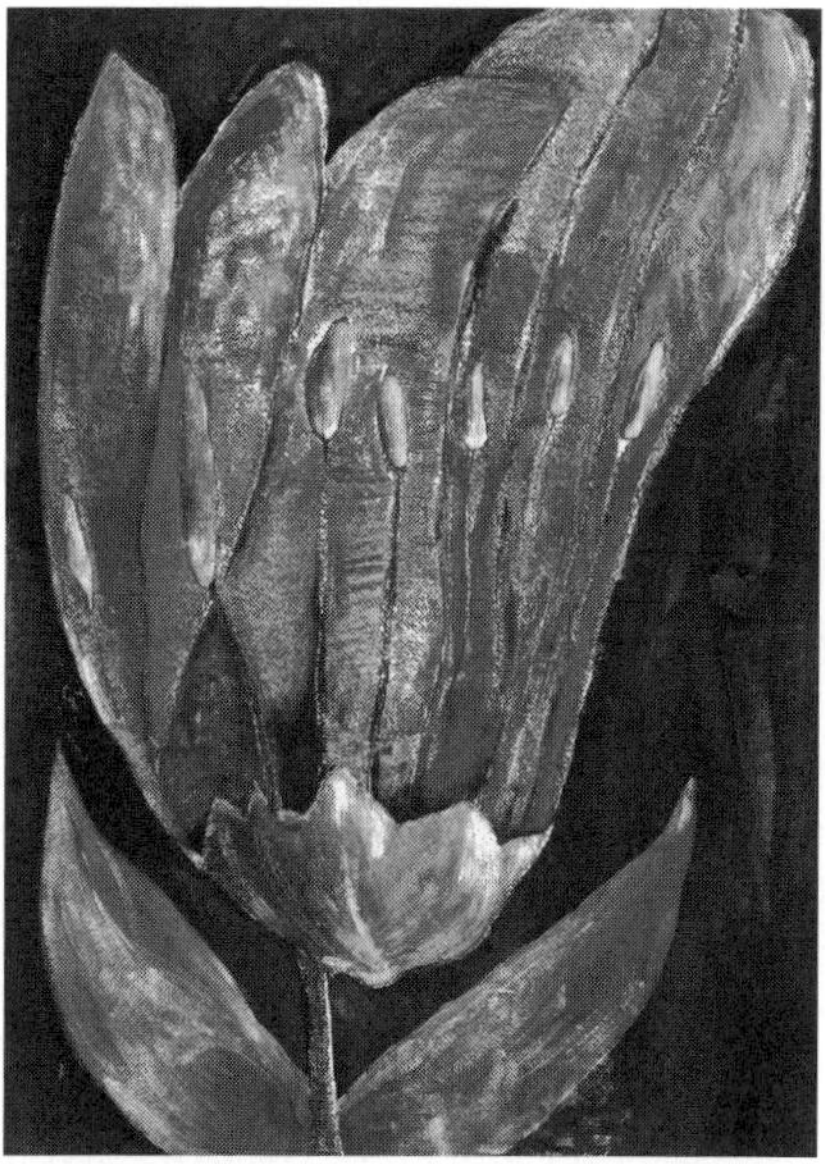

「富士山」

「地域福祉研究会　ゆきわりそう『レンガの家絵画教室』」（代表姥山寛代・東京都豊島区）で、心身障害者アート活動の講師をしている画家星野かよさんに、私が初めて会ったのは、一九九八年一〇月二三日の「星野かよ展」（ギャラリー　プレスカ・新宿区百人町）を見学した折だった。

この日は、一人っ子の娘がフランス語がままならない状態で、一人でフランス留学（四年間ほど）に旅立って行った日であった。私は宿直明けで娘を見送ることができなかった。帰宅後、娘を乗せた飛行機が成田空港を発つ時刻に北の空を見上げ、「娘よ青春に悔なかれ！」と心で叫び祈った。目の前に広がる稲穂の臭いが、無性に淋しく感じられ、雨が降り出しそうな気配だった。

午後二時頃個展会場にたどり着き、星野さんにお会いした。一時間近くお邪魔していたように思う。作品はたしか三枚組みの大作で、墨絵のような白黒画面の現代アート風アバン・ギャルドな抽象画だったと記憶している。画面は一気呵成の筆の速さ、呼吸や気運の激しさがほとばしっていた。私は作者の胸奥、こころの激白をのぞき見た思いがし、その気魄に圧倒されずにはいられない気分だった。

私はこういう画家が指導している絵画教室の人達の作品を、直ぐにでも見たいと思った。星野さんに「絵画教室の人達の作品を、是非出品していただけませんでしょうか」と、恐るおそるお願いした。その結果、「ご招待下さいまして、有難うございます。よろこんで参加しますので、よろしくお願い致します。」との手紙をいただき、一九九九年の「第一三回福祉ＭＹ ＨＥＡＲＴ美術展」（一〇月二〇日～二四日・青梅市立美術館）に初出品。以降第一五回、一六回、一八回、一九回展と出品していただいている。

こんなご縁もあって、二〇〇六年一二月七日、「ゆきわりそう二〇周年記念『心で生きる　なかま展』（一二月五日～一〇日・練馬区立美術館）を見学した。

展示作品はどれも個性的に輝いていた。なかでも荒川恵さんの「富士山」は、私の目と心に焼きついて放れない作品だった。太宰治の小説『富嶽百景』の「ことさらに、月見草を選んだわけは、富士には月見草がよく似合ふと、思ひ込んだ事情があったからである。」という有名なくだりがフッと思い出され、この「富士山」の絵には、「雪解の富士には三輪の赤い椿の花がよく似合う」と、私は太宰流に言えばいえるかな、と思ったからだった。

さらには、赤い太陽が輝く天と赤い三輪の椿の花が開く地の間に、のんびり、ゆったりと雪解の富士が、「はーるよ来い、はーやく来い」と歌っているようにも感じられ、そのやさしい雰囲気が「お母さん」を感じさせてくれるように思えたからでもあった。星野さんは、「めぐちゃんは、とにかく絵を描くことが大好きで、そのひらめきには天才的なところがあります」と言っていた。私も同感であった。

「モアイ君」

青梅市在住の知的障害児者余暇活動クラブ「青梅青少年クラブなかま」（東京都青梅市）が発足したのは、一九八七年四月だった。当初は七人だったが、二〇〇七年一月現在は一六歳から五九歳までのメンバー四八人を数え、毎週水曜日の夜と土、日曜日に料理、美術、陶芸、てづくり、和太鼓、リズムダンス、ソフトボールなどの活動を、二四人のボランティア支援で展開しているとのこと。さらに、行事・レク活動として旅行、ハイキング、カラオケ、西多摩地域の障害児者との交流会など、各種市民活動の催しにも積極的に参加して、活動の輪を広げているとのことでもある。

このクラブは今年が二〇周年ということで、「青梅青少年クラブなかま20周年　なかま展」（二〇〇七年一月一二日〜一七日・西友河辺店ボッパルトホール）を開催したので、私は一月一四日に見学した。会場の作品一つひとつに目を向けながら、私は同クラブ代表さとう友之（本名佐藤友之）さんと一緒に働いた「友愛学園」（青梅市成木）生活指導員時代の二十数年間のことや、同クラブ発足以前の「青梅希望の家」（同市河辺町）学童保育クラブのボランティアを三年ほどやった時の、あの小学生だった人の絵かと思うと、胸が熱くなった。あの日、あの時の自分の時間は停止したまま、現実は刻一刻とその時間から遠去り、「今」をとらえきれない私の帰去来の感傷なのであろうか。

そんな思いからフッと我にかえると、クラブの発足当初から美術指導をしている安藤隆さん（元小学校美術教員）がいた。私は島田秀司さんの作品「モアイ君」（マーカー画・52×36．5cm）について、彼に聞いてみた。彼は「この子は羽村養護（東京都立羽村養護学校）の高等部二年生かな。一七歳だから。小学校の時、絵を教えた子なんだ。絵を描く時はものすごい集中力で、あのパワーはどこから出てくるんだろうと思うし、独自の発想力で面白い絵を描くんだよ。色彩感覚が鋭いしね。とにかく、絵を描くことに関してはシャープなんだよ」と教えてくれた。

私にはこの「モアイ君」を島田さんが、何をヒントにひらめき、描きながら何を語りかけていたのか、全く知る術はないが、どこか権力的なものへの自虐性を諷刺しているかのように思われ、感じられてならなかった。悲しくもあり、その心底には怒りとそれを解こうとする擽りのユーモアが内包されていたのだろうか。私は左側の顔にイタリア国旗、右側の顔にフランス国旗の配色と、土着民族と白人民族の歴史や文化の複雑な問題が交信されているような気がして、そのイメージが何とも奇抜で面白い作品だと思った。

数年前フランスに行った時、パリのモンマルトルにある「エスパース・ダリ」で、サルバドール・ダリの作品を見学したことがあった。その時、ダリの作品の遊び心にすっかりもて遊ばされた楽しさと同じような心持ちを、この「モアイ君」に私は感じたのであった。

「かぞく」

知的障害者入所施設「友愛学園」(東京都青梅市)の入所者土村祐さん(一九四一年生まれ。知的障害・てんかん・左半身麻痺)の「かぞく」(鉛筆画・一五×一〇cm)は、私にさまざまな思い出を残した作品である。

私の娘がヨチヨチ歩きの二歳頃から大学を卒業してフランス留学へ旅立つまで、「伊万里ちゃん、伊万里ちゃん」と可愛がってくれた。娘も「赤ちゃんの時、一緒にお風呂に入ったやさしい人」と、祐さんには学園生の中でも特に親しみを感じて育った一人である。

そんな娘が、「坂本第二病院」(同)に肺炎で入院中の祐さんを私と一緒に見舞いに行ったのは、一九九八年三月二〇日の事だった。

「祐さん、私がフランスから帰って来るまで、元気で頑張ってね」と、彼が好きな小犬の写真集を「お見舞い」として枕元に置いた。「伊万里ちゃん、ありがとうね。僕は頑張るから、この次また来てね」と、娘の顔を見上げて手をしっかりと握って応えてくれた。私は祐さんの一進一退の病状から考えて、これが娘との最後の別れになるだろうと思い、胸が熱くなった。その二ヵ月後の五月二六日、祐さんは力尽きて母が待つ天国へと旅立った。

「先生はいいよな、毎日家に帰れるらろう。僕も自分の家に帰れるといいんだけろ、母さんがね、〝祐ちゃんのお家は友愛学園だから、夏休みまでは帰って来ちゃ駄目〟って言うんだ。僕の帰りたい気持ち、先生だったら分るれしょう」

「うん、よーく分るよ。じゃね、宿直の時、祐さんの気持ちを手紙に書こうか」

この約束で、一九八七年一一月二〇日の私の宿直の夜、祐さんの帰りたい気持ちをあれ、これ聞き出しながら、彼に自由に描いてもらったハガキの絵が、この

「かぞく」であった。

「この人はね、僕の弟の知人。毎日会社で働いているよ。これは女の子でカヨちゃん。伊万里ちゃんと同じくらいかな。学校に行ってる。この二人はね、ユキとノリ。ノリはね、可愛いけろ赤ちゃん、甘えん坊だけろもね。ユキはあっち、こっち走りまわってうるせいんだ。〝静かにしろ！〟って怒られる時もあるよ。この人が奥さん。僕が家に帰るとね、〝祐ちゃん何食べたい〟って言うから、僕はね、先生も知ってるらろうけろ、ライスカレーが好きなんだもん。だから〝ライスカレー〟って言うと、ちゃんと作ってくれるんだ。三鷹の僕の家はね、いっぱいいるらろう。だからね、僕は皆に会いたいと思って家に帰りたいんだけろもなあ……」と、祐さんは家族一人ひとりに自分の思いを寄せながら、描きあげた絵について、菜の花畑を花から花へと飛ぶ蝶のように、明るい笑顔で話してくれた。

祐さんは話上手な人であったが、麻痺の障害のためか、絵を描いたり、字を書くことを、私はほとんど目にすることがなかった。この「かぞく」は、祐さんが私の目の前で描いた最初にして最後の絵だった。鉛筆が走り抜けた線描には、家族への一心が浮き立っていた。

「さくら」

暖冬異変の今年（二〇〇七年）も樺桜が、直径一・五cmほどの花を精一杯の力で咲かせてくれた。近年は梅雨が明けると「この夏は枯れてしまうかな」と、心配になる老木だ。三〇年ほど前になろうか、郷里の豪雪の下敷きとなって幹が折れ、放っておけば枯れてしまうと思い、生家の裏山から妻と二人で掘りおこし、家に持ち帰って庭に植えた木である。

パラパラと斑に薄ピンク色の蕾を細い枝々につけ、やがて白い清楚な花を開いていく、何とも言えない可憐さ、奥ゆかしさ、いじらしさで、妻と私に春を告げてくれる桜なのだ。

ところで内山和美さん（知的障害。「東京都立青梅福祉作業所」東京都青梅市）の「さくら」（クレパス・水彩画　二七×三九cm）は、「第一〇回福祉MY HEART美術展」（一九九六年一〇月二三日〜二七日・青梅市立美術館）の出展作品であるが、この作品を見た当時、「こんな風にさくらが描けるなんて、普通の人にはできないだろうな。何というイマジネーションの豊かさ、素晴らしさだろうか」と感嘆したことを覚えている。

私は思わず、「大空の鏡の如きさくらかな　虚子」「月うらとなりて明るき桜かな　石鼎」という俳句の情景を思い浮かべた。

さらに、日本人なら誰もが憧れてやまない、「願はくは花のもとにて春死なむそのきさらぎの望月のころ　西行」のさくらをも想像せずにはいられなかった。

このように私が感じたのは、内山さんが一本の桜の木の左側に夜のさくら、右側に昼のさくらと描き分けていたように思えたからだった。そして、それは私にとっては「生」の世界、「死」の世界にも見える気がした。また、幹に見える曲線を中心に、昼と夜、生と死へ走る曲線や散る花びらとおぼしき点から「夕桜あの家この家に琴鳴りて　草田男」のように、琴の音色が「さくら、さくら、弥生の空は…」と聞こえてくるようにも感じられた。

　内山さんがこの「さくら」を描いたのは、女盛りの三九歳の時だった。染色家志村ふくみさん（人間国宝）が「一色一生」（第一〇回大佛次郎賞受賞・一九八二年求龍堂刊）で、『まだ折々粉雪の舞う小倉山の麓で桜を切っている老人に出会い、枝をいただいてかえりました。早速煮出して染めてみますと、ほんのりした樺桜のような桜色が染まりました。（略）植物にはすべて周期があって、機を逸すれば色は出ないのです。たとえ色は出ても、精ではないのです。』と述べていた。私はその苦心談を読み、後年、志村さんの個展を見学した時「成る程」とその美しさに心打たれた。

　こんな思いとも重ね合わせて「さくら」作品を再び見ると、内山さんの女盛りの精気や色彩感覚の鋭さ、画面構成のアバンチュールな思いが、その年齢ならではの描き方だったのかも知れないと思えた。とにかくこの「さくら」は、私の心に残る傑作の一つであった。

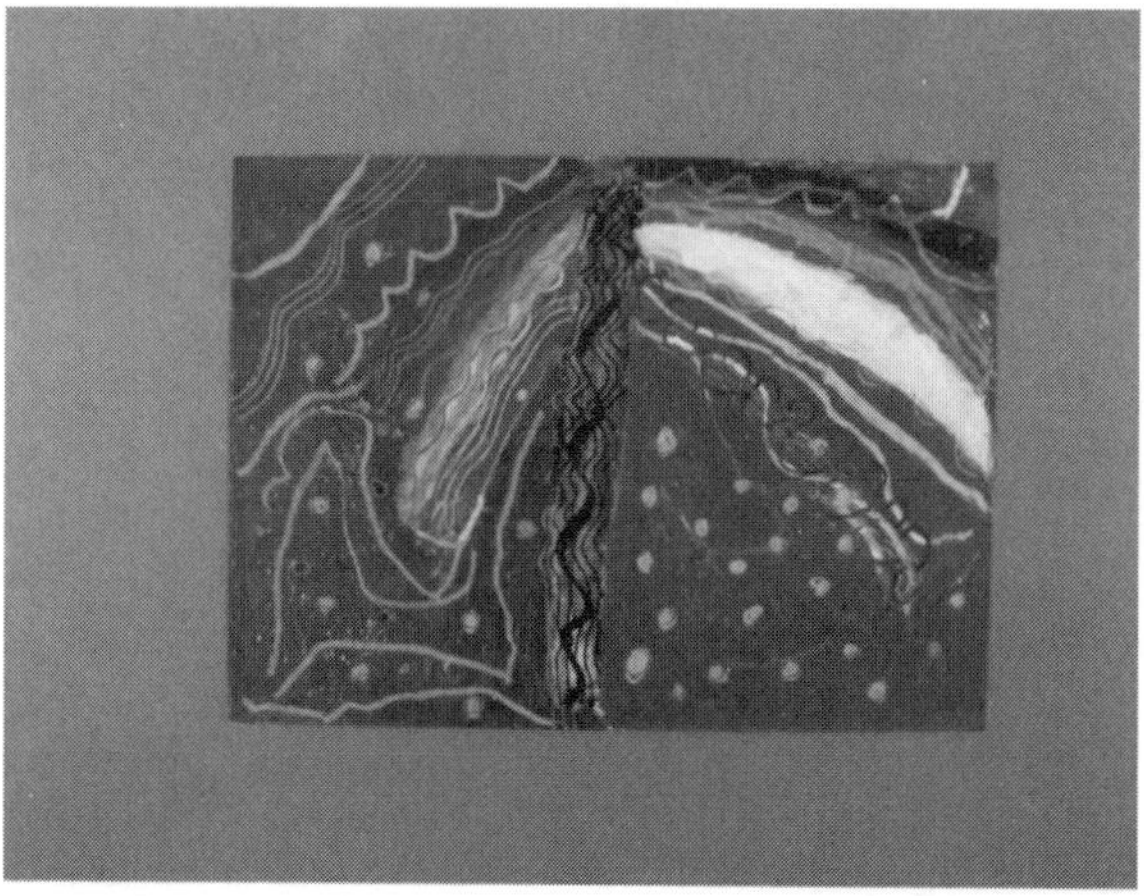

「Ｊａｃｑｕｏｔ Ｃｏｃｏｒｉｃｏ」

フランス・ベルノーの障害者施設「Ｃ・Ａ・Ｔ Ｌｅｓ ａｔｅｌｉｅｒｓ ｄｅ Ｖｅｒｎｏｕ」の共同制作画「Ｊａｃｑｕｏｔ Ｃｏｃｏｒｉｃｏ」（五〇×三九㎝・ｂｏｉｓ ｐｅｉｎｔ）は、「第一二回福祉ＭＹ ＨＥＡＲＴ美術展」（一九九八年一一月二五日〜二九日・青梅市立美術館）の出展作。

この絵のニワトリの逞しい姿から、私は思わず「Ａｓｓｏｃａｔｉｏｎ ＭＹ ＨＥＡＲＴ ＦＲＡＮＣＥ」の会長Ｂｒｉｇｉｔｔｅ ＲＩＣＨＡＲＤ先生を想い起こした。

彼女は私と同じ志でフランス・ロワール地方の心身障害者の美術展「ＭＹ ＨＥＡＲＴ ＦＲＡＮＣＥ」を、〝フランス一九〇一年七月一日法〟に基づいて設立した人である。私にとっては個人的にも、また日本の「福祉ＭＹ ＨＥＡＲＴ美術展」にとっても、ヨーロッパとアジアの障害者美術展ネットワーク活動の掛け橋として大切な友人である。

真っ正直で向こうっ気が強く、物事に対する直感力と観察力、洞察力が鋭く、正義感も人一倍強く、気が早く、思い立ったら直ぐ行動するタイプで、私の妻は「ブリジットは気忙しくてまるでニワトリのようだ」と評していたが、「成る程、うまいことを言うな」と私は思った。でも、それだけではない。時には女性らしい気遣いのウイットや茶目っ気のジョークが上手だし、ひまわりのような明るい陽気さがあり、窮地に立っても映画「風と共に去りぬ」のスカーレットのような剛直さがあり、勤勉で努力家だと私は思う。

ところでこの「Ｊａｃｑｕｏｔ Ｃｏｃｏｒｉｋｏ」には、大地を力強く蹴り歩く、鋭い目と嘴、真っ赤に燃え立つ王冠のようなトサカ、ピーンと撥ね上げた尾羽とから、何をも怖れない、何ものをも寄せつけない姿が示されている。さしずめこの雄鳥は王様という風格だ。金網で仕切られたブルーの世界（空間）にあって、雄鳥の闘争心に満ちた気魄と精悍さ、その内なるエネルギーまでをも感じさせる描斑点は、見事な描写効果と言ってよい。

こうした効果は、現代書家岡本光平さんが「何らかの障害のため、後天的な学習ができなかった分、一般的な常識にとらわれない、自由で清新な生命エネルギーの溢れた、あるいは深く内蔵された表現を多くみることができる。美しい、あるいは怖いといった感情が直接的にほとばしり出てくる。」（「第一二回福祉ＭＹＨＥＡＲＴ美術展作品集」より）と言っていたように、そういうことからもたらされたのだろうと私も思った。

Ｂｒｉｇｉｔｔｅ先生が初来日したのは、一九九八年六月二五日から七月一二日にかけての一八日間だった。その間、私達家族三人と小さなわが家で過し、日本語、フランス語、英語で話し、何とかかんとかお互いに意思疎通をはかったが、この絵のごとく彼女はことばの金網に囲まれたニワトリだったのかも知れない。それだけに、この絵は初来日した彼女の姿と重なって見えるところがあった。

「L，homme au chapeau」

フランスのBruno DESGRANGESさん（障害者施設「Foyer de La Source」）の作品「L，homme au chapeau」（帽子を被った男・aquarelle 29．5×44．5cm）は、「第一三回福祉MY HEART美術展」（一九九九年一〇月二〇日〜二四日・青梅市立美術館）の出展作。

顔の表情に何となく悲哀、悲愁が漂っているように私には感じられ、それがバックのブルーと濃紺と赤とのコントラストな配色によって、心により一層強く忍びこんでくる。

この絵に描かれた人物は、作者にとってどういう関係、存在の人なのだろうか。タイトルでは〝男〟となっていたが、私には「お父さん」ではないかと勝手に想像されるのだが……。「父の愛は子の思い、子の思いは父の愛」と、父なるが故の厳しさを秘めた愛の哀しさが、この表情からは滲み出ているように思われた。

私はかって「モディリアーニ展」（一九九二年一一月三日〜一二月二三日・東武美術館）を見学したことがあった。その時、何と哀しく、切なく心に差しこむ絵なのだろうかと思った。この「L，homme au chapeau」の眼差しからも、私には同じようなもの哀しさが感じられてならなかった。

「マイハート　フランス協会」副会長Bernard BROTELANDさんが一九九九年に初来日した折の一〇月二三日、私を訪ねて来て「第一三回福祉MY HEART美術展」を見学した。その時、私はこの絵の作者がどんな思いをこめて描いたのか、また彼自身はどんな感想をもったのかを聞き逃してしまい、とても残念でならなかった。

「マサノリがフランスに来た時、作品を並べて、これとこれはあそこ、これはそこがいい……と僕に展示の位置を教えて指示してくれたでしょう。その時、マサノリの絵の感じ方が大体分ったし、僕の感性とよく似たところがあるなあって思ったし、信用できるって思ったよ。ブリジットともちょっと違う感じ方だってこともね」

「あの時は失礼しました。ベルナールさんが一つひとつどうしてこれはここにしなければならないのって聞くから、内心フランス人は口うるさいな、静かにやれないのかな、これが異文化交流ってことなんだろうと思ったね。お互いに初めての出会いだったしね」

こんな会話を交しながら、肝心なことを私は彼に聞かず仕舞いだったのである。

とにかく私はこの絵をくり返し見て、見れば見るほど、モディリアーニが三五歳半ばという短い生涯の晩年に巡り会った最愛の女性ＪｅａｎｎｅＨ・ＥＢＵＴＥＲＮＥを描いた「大きな帽子をかぶったジャンヌ・エビュテルヌ」や「オレンジ色を背景に坐る男」の表情や何かに憂えているような視線と、どこかで交錯している不思議さが感じられるのだ。それは私の思い過しなのだろうか、それとも作者の天性が働きかけるからだったのだろうか。

「Petite brise du JAPON」

フランスの障害児養護学校「I・M・P ADAPEI」の生徒Karina Victorien BASTIENさんの作品「Petite brise du JAPON」（日本のそよ風・水彩画・五〇×四〇cm）は、「第一五回福祉MY HEART美術展」（二〇〇一年九月一二日〜一六日・青梅市立美術館）の出展作。

私はこの絵を見た時、「滝乃川学園」成人部（東京都国立市）の入所者橋本一郎さん（知的障害・ダウン症・故人）の日記・書簡集「はししゃん」（はししゃんの日記を本にする会・社会福祉法人滝乃川学園成人部内・一九八六年刊）の副題〝いつまでもなくあるように〟という彼の祈りのことばを思い浮かべずにはいられなかった。本書の〝まえがき〟には、「副題は、謡曲か和歌の一部のようですが、古い彼の日記が出典です。原文は、『いつまでもかぎりなく、神の愛はあるように』です。」と、その由来が解説されていた。

キリスト教に無学な私は、〝いつまでもなくあるように〟をそのまま彼の祈りとして受けとめ、実に深遠なことばだと思った。そしてもしかしたら、そのことばは「Petite brise du JAPON」のような絵の感じなのかも知れないとも思った。

二人の間のことばと絵のつながりについて、私はうまく説明できないが、心のカオス、スピリチュアルな表現として私の心に伝わってくるものが感じられたからだ。それは、仏教の「般若心経」の〝舎利子色不異空空不異色（しゃりし　しきふいくう　くうふいしき）〟なのかもしれない。私が学生時代に講義を受けた仏教学者金岡秀友先生は、この経文について「舎利子よ、よくききなさい。目に見えるものは、何も見えない実体のない『空』と異なるところはないし、ぎゃくに何も見えない実体の『空』という世界は、今目の前に見える物の世界と異ならないのだよ、といっています。（略）『空』を、何もない、からっぽという意味にとっては、たいへんなまちがいです。『空』というのは、なにものにもこだわらないということです。宇宙に存在する地・水・火・風という四大種も、この『空』の中で自由自在に働くことができるということなのです。」（金岡秀友著「図説般若心経」一九八二年・講談社刊）と解説。この解説で私の感じ方が分っていただければ幸いである。

「Ｐｅｔｉｔｅ ｂｒｉｓｅ ｄｕ ＪＡＰＯＮ」を見て、私はつくづく、しみじみと橋本一郎さんの聖書への祈りと、Ｋａｒｉｎａ Ｖｉｃｔｏｒｉｅｎ ＢＡＳＴＩＥＮさんの絵心とが、「色不異空空不異色」の深淵な宇宙、変化自在な自由空間で結ばれているように思った。〝有るようで無く、無いようで有る〟ことの不思議な世界に通じている。

画面に黒く描かれた三つの記号は、「日本のそよかぜ」への憧憬、〝いつまでもなくあるように〟への瞬時の心のシグナル、そうした運気のほとばしりだったのかも知れない。

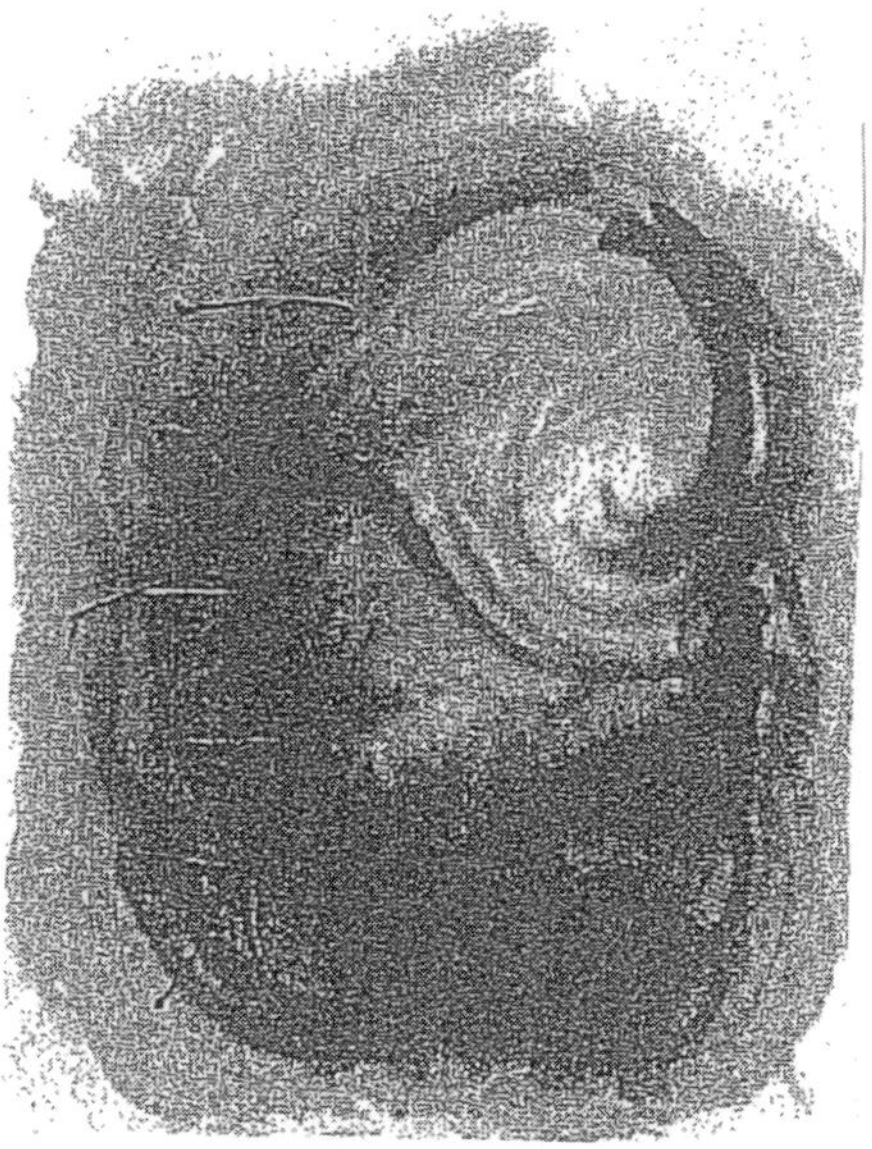

「ひっぱる」

「作ることは生きること、生きることは作ること」と言って、沖縄の土と炎に魂を賭したのは、鬼才陶芸家国吉清尚さんだった。私がこの陶芸家の存在を知ったのは、〝勝つのは炎か器か・1300度の闘い・壮絶な人生〟という内容で放映されたNHK教育テレビの「新日曜美術館」(二〇〇七年七月一日)によってだった。火の力で壺の底が半分抜け落ち、さらに壺の胴体部まで張り裂けた姿の作品を、作者は公開せずに手元に残していたという。私はその作品をテレビ画面で見て、その姿に作家魂の全てが語り尽されていたように思えて、胸が熱くなった。

知的障害者入所施設「友愛学園」成人部(東京都青梅市)の入所者実川正浩さん(一九四四年生まれ。知的障害・ダウン症)が作り出した陶オブジェ「ひっぱる」(八×一八×七cm)は、「第九回福祉MY HEART美術展」(一九九五年八月二九日〜九月三日・青梅市立美術館)の出展作品。

この作品は意図的に何かの形を作ろうとしたのではなく、作者の身体的な力が粘土に作用したことで偶発的に形が表れ出たもの。釉薬と焼成は職員の手でなされたものだった。「マサヒロ、凄い作品を作ったね」と私は声をかけたが、当の本人はその意味が分ってか、分らずか、ただニヤリと笑みを浮かべるだけだった。無欲無心なのである。

こんなことを言うと無礼千万のきわみなのだが、国吉清尚さんの炎と器の闘いで裂けた壺の在るがままの形と、実川正浩さんの「ひっぱる」には、どちらも人智を超えた神の恩寵を見た思いがする。またその形の迫力と引き裂かれ具合の美しさに禅の「空」なるものが感じられ、心がブルブルと揺さぶられ震えた。

国吉さんは、「勝つのは炎か器か」を陶芸の道に求め続け、自らの身を灯油の炎に包み込んで五十余年の生涯を閉じたという。壮絶な作家魂、土と炎の人生だったことに胸がいたむ。

実川さんはこの「ひっぱる」と「福祉MY HEART美術展一〇回記念日仏交流展（一九九六年四月一一日～五月二四日・MPF ASSURANCES／TOURS FRANCE）に出品した陶板絵「やぎ」（二二×一五×一cm）の二点を、わずか二、三年の粘土活動で作り出し、その後頚椎ヘルニアを発症しベッドに寝たきりとなった。そのため、作品らしい作品はこの二点限りだった。

「ひっぱる」は偶発的に作り出された作品だったが、その形に再び見入ってみると、私には人の顔の形に見えてくる。さらには作者の顔と重なって見えてくるのだ。まことに不思議なインスピレーションが働いているように思われた。中央部に空いた穴が口となり、仁王が「ウォー」と唸り声をあげているような形相である。もしかして、実川正浩さんの化身なのかも知れない、と私は思い至った。

「**少女**」

知的障害児者通所施設「おさなご園作業所」（東京都狛江市）の木野浩志さん（当時一九歳）の作品「少女」（油彩画・六五×五三cm）は、「第三回福祉MY HEART美術展」（一九八八年七月二日〜一七日・青梅市立美術館）の出展作である。

この「少女」のつぶらな、何となくどこか不安げな目には、物悲しさと憂いが漂っているように私には感じられた。大正ロマンの画家竹久夢二が描いた女性の眼差しにも通じていて、その初々しさは、島崎藤村の「若菜集」の詩〝昼の夢〟の一節と重なって見えるように思われた。

花橘の袖の香の
みめうるはしきをとめごは
真昼（まひる）に夢を見てしより
さめて忘る丶夜のならひ
白日（まひる）の夢のなぞもかく
忘れがたくはありけるものか

（「日本詩人全集1 島崎藤村」新潮社・昭和四二年刊所収）

ところで、この絵について当時「おさなご園作業所」の絵画指導をしていた洋画家戸川英夫さんに、どんな指導をしたのか聞いてみたことがあった。「特別なことは何もしませんでした。教えたことは絵具の使い方ぐらいで、本人の描きたいと思ったことを描かせたら『少女』でした」と戸川さんは言葉少なに語ってくれた。

私はこの話を聞いて直ぐ、東京都社会福祉総合センターの機関紙「テーブル」一〇号（昭和六三年一二月発行）に、「（略）私は戸川さんの話を聞きながら、物静かな、柔らか味のある人柄を感じ、こういう作家が絵を教えてくれたら、重度心身障害児者は自分たちの感性をのびのびと発揮するだろうと思った。（略）戸川さんのような指導者が重度心身障害児者の福祉施設や団体の職員、ボランティアとして表現活動に積極的にかかわり、彼らの心をつかみ、抉り出し、燃えさからせるような表現状況を私は心ひそかに望んでいる。そして、彼らの表現の豊かさの中に、重度心身障害児者たちの文化が咲き誇っていくことを夢見たいのである。社会の成熟と平和へのシンボルとして。」と書かせてもらった。

当時の私は、戸川さんのような絵画指導者が多摩地区の障害児者施設に一人でも多く出現して欲しいと願っていた。

残念ながら戸川さんは「第四回展」（一九八九年）後、ドイツへ絵画留学で旅立ち、「おさなご園作業所」からの出品はその後途絶えてしまった。戸川さん、木野さんの消息は、その後分らない。作品集の「少女」の目のみが、今も悲しげに私を見詰めるだけとなっている。

「Ｌｅ ＬＩＯＮ」

ＲＩＣＨＥＬＩＥＵ市の知的障害児養護学校「Ｉ・Ｒ・Ｍ・Ｅ Ｌｅｓ ＦＩＯＲＥＴＴＩ」のＦｌｏｒｅｎｔ ＤＥＬＣＲＯＩＸさん（当時一六歳）が描いた「Ｌｅ ＬＩＯＮ」（五〇×六五ｃｍ）は、私にさまざまな事を思い出させる作品の一つとなっている。

この作品は「福祉ＭＹ ＨＥＡＲＴ美術展一〇回記念日仏交流展」（一九九六年四月一一日〜五月二四日・ＭＰＦ ＡＳＳＵＲＡＮＣＥＳ・ＴＯＵＲＳ）の出展作。交流展の準備に追われるなか、Ｂｒｉｇｉｔｔｅ ＲＩＣＨＡＲＤ先生から「ポスターの絵を選んで下さい」と頼まれ、彼女が送ってくれた一一点の作品写真から私の独断と偏見と好みとで選び出したのがこの作品であった。

「Ｌｅ ＬＩＯＮ」は、ステンドガラスの窓絵風に描かれ、見る人の目や心を射抜くようなライオンの目の鋭さと、尻尾までの長さが竜のように細長く見え、「この絵なら人の目をひくだろう」と私には感じられたからだった。幸いなことにＢｒｉｇｉｔｔｅ先生も「マサノリの選び方に賛成だわ」と、同感の意を画家Ｓｅｔｓｕｋｏ ＦＵＥＮＴＥＳさんを通じて伝えてきたので、ホッと安心したことを覚えている（Ｓｅｔｓｕｋｏさんも同意見だった）。

この作品をポスター原画に選んだ「福祉ＭＹ ＨＥＡＲＴ美術展一〇回記念日仏交流展」がきっかけとなって、一九九七年七月、ロワール地方の障害者美術展協会「Ａｓｓｏｃｉａｔｉｏｎ ＭｙＨＥＡＲＴ ＦＲＡＮＣＥ」（一九〇一年七月一日法に基づいた協会）が設立された。協会長にはＢｒｉｇｉｔｔｅ先生が就任された。私に名誉会長との要請があったが、お断りして名誉会員にしていただいた。

その第一回展「Ｅｘｐｏｓｉｔｉｏｎ ＭｙＨＥＡＲＴ ＦＲＡＮＣＥ」（一九九八年一月二二日〜二月一

八日・I・E・M Charlemagne・BALLAN MIRE）が開催されてから、今年（二〇〇七年）で一〇年。日本で行なっている「福祉MY HEART美術展」が同じく二〇回展を数える年周りとなった。そこで日仏双方の記念展として「MY HEART日仏二〇&一〇記念国際交流展」をこの一一月一五日～三〇日、I・M・E Les Elfes・TOURSで開催することとなった。

過ぎ去ってみれば早いもので、この一〇年という歳月は「あっ」という間に感じられる。この間、日本で開催してきた「福祉MY HEART美術展」には外国からの作品が多く届くようになったし、フランスでの開催には日本からも作品を送って交流の輪を拡げてきた。まだまだこの「記念展」は通過点に過ぎないとも思っているし、さらに多くの国々へ輪を拡げるつもりでいるが、この機会に私の活動を蔭で支えてきてくれた妻へ、改めて感謝の気持を伝えたいと思う。「記念展」には、ぜひ妻と一緒に行きたいと思っている。

「人とひまわりと鳥たち」

知的・情緒障害児養護学校「I・M・P LESSOR」（TOURS市）の生徒作品「人とひまわりと鳥たち」（シルク画布・三五×三二cm）は、「第二回福祉MY HEART美術展」（一九八七年七月四日～一五日・青梅市立美術館）の出展作品である。

この作品は「第一回福祉MY HEART美術展」（一九八六年七月五日～一五日・同館）終了後、八月二六日から九月六日の日程でフランス他三カ国を旅行した折、八月二八日同校を友人のPierre FUENTES（高校教員）・Setsuko（画家）夫妻の案内で訪問し、校長Jacqueline CERCEAU先生からプレゼントされた五作品の中の一作品だった。

その時、彼女は「日本はすばらしい国ですね。フランスでは障害者作品の展覧会を美術館でやったという話など聞いたことがないし、そういう話を美術館にしても許可してくれません。日本の美術館で作品が展示されると生徒達に話したら、飛び上がって喜ぶでしょう」と言っていた。また、「あなたを信じて、これから先、日本との作品交流を続けましょう」と、満面の笑顔で私の訪問に応じてくれた。

この日のJacqueline先生との出会いが、今日（二〇〇七年）までの二一年間、この「福祉MY HEART美術展」とINDRE et LOIRE地方の障害児者との作品交流が続くきっかけとなり、一九九七年に設立された「Association MY HEART FRANCE」（フランスの障害児者美術展を開催する協会・会長Brigette RICHARD）に繋がる基となったのである。

「人とひまわりと鳥たち」は、頭に白いターバンのアラブ人らしいおじさんと白髪で鼻メガネのやさしそうなお爺さんが、ロワール川のほとりでのんびりとニワトリとアヒルの散歩に覗き入り、その背後でひまわりが元気な声で歌をうたっているかのようで、実に長閑で平和な安らぎを感じさせてくれる絵だ。また画布がシルクということもあってか、全体的に色調がやわらかく感じられ、どこかしらにオリエンタルな雰囲気が漂っているようにも、私には感じられた。

そう言えば、「L，ESSOR」の廊下に歌川豊國の浮世絵版画が五、六点飾ってあった。「あれ、これは日本の江戸時代の版画ですよね。どうしてこんな絵が、この学校にあるんですか」と、私は驚いてJacqueline先生に質問した。「この学校のオーナーのコレクションです。日本の版画が大好きな人で、かなり持っているようですよ。だから学校にも飾ったんだと思います」と彼女は答えてくれた。「日本に行ったことがあるかどうか分かりませんが、日本には興味を持っている人です」とも話してくれた。

「人とひまわりと鳥たち」は、「L，ESSOR」を初めて訪ねた私に、フランスとのご縁をもたらしてくれた作品として忘れ難い。

「虹色の魚と仲間達」

「こんばんは、セツコです。ベルナールさんがポスターに角田さんの魚の絵を使いたいと言っていますが、熊木さんはどう思いますか。私もいいなあと思いますけど」と、画家で友人のＳｅｔｓｕｋｏ・ＵＮＯ・ＦＵＥＮＴＥＳさん（フランス・ＴＯＵＲＳ在住）から電話をいただいたのは、二〇〇七年一〇月九日の夕食の時だった。

「そうですね、たしかにあの絵はフランスに送り出す時、私もすばらしい絵だと思いました。レイアウトに問題がなければいいんじゃないでしょうか」と、私は返事をした。

その絵は、知的障害者入所施設「花の里」（東京都青梅市）の角田一都（つのだ　かずと・三四歳　知的障害・自閉症）の作品「虹色の魚と仲間達」（クレヨン・アクリル画　六〇×八二ｃｍ）である。私はこの絵を見た時、「アフリカの深海で発見された生きている魚の化石と言われているシーラカンスではないだろうか。この魚が六〇〇万年も生き抜き、その時空をこえて、いま一都さんの心の海を泳いでいるのだ。何という生命の力強さ、心の深さ、テレパシーの不思議さだろうか」と思った。

そしてさらに、龍の落とし子がいて、鱏がいて、のこぎり鮫がいて、鮃らしき魚がいて、親子のシーラカンスがいて…、そこは人間の欲望が渦巻く文明世界から隔絶された、詩人金子みすずの「みんなちがってみんないい」詩句の和みの世界に通じているように思われ、私はその虹色の絵心に深く感動させられた。

この作品は、日本の「福祉ＭＹ ＨＥＡＲＴ美術展」第二〇回展とフランスの「Ａｓｓｏｃｉａｔｉｏｎ ＭＹ ＨＥＡＲＴ ＦＲＡＮＣＥ」（マイハート　フランス協会）設立一〇周年を記念して開催される「ＭＹ ＨＥＡＲＴ日仏二〇&一〇記念国際交流展」（二〇〇七年一一月一五日～三〇日・Ｉ・Ｍ・Ｅ ｌｅｓ Ｅｌｆｅｓ／ＴＯＵＲＳ ＦＲＡＮＣＥ）の出展作品で、ポスターの原画に採用された作品である。

この日仏交流記念展について、毎日新聞社会部記者林哲平さんの取材記事が一一月一〇日の毎日新聞多摩版に「『芸術の国』で美術交流」の見出しで大きく報じられた。その中でも、「図鑑で見た大小の魚を自分や大好きな母、友人に見立て、クレヨンとアクリル絵の具を使って鮮やかな色彩で表現。」「施設の支援職員で美術を指導している若林佳史さん（39）は角田さんの作風を『自分のフィルターを通して見た独特の世界観を表現している』と高く評価する。」と書いてくれたことは力強かった。

私は一〇月二六日の美術展見学親善交流ツアーの説明会（「福生学園」東京都福生市）で、初めて角田一都さんに会った。「こんにちは、よろしくお願いします」と一都さんは笑顔で私に挨拶してくれた。その笑顔は、「虹色の魚と仲間達」の海の和みと、お母さんと一緒に旅立つフランスへの夢に輝き満ちていた。

「閉会式の挨拶」

皆さん今日は。お忙しい中をご出席いただき、ありがとうございます。私はＭＹ　ＨＥＡＲＴ美術展日本委員会代表熊木正則です。

私が日本で障害者の美術展「福祉ＭＹ　ＨＥＡＲＴ美術展」を東京都青梅市立美術館でスタートさせたのは、一九八六年七月でした。この美術展が終了した直後の八月末に私は友人の画家Ｓｅｔｓｕｋｏ　ＵＮＯ・Ｐｉｅｒｒｅ　ＦＵＥＮＴＥＳ夫妻を訪ねてフランスに来ました。

その時、折角の機会だからとＰｉｅｒｒｅ先生がＴＯＵＲＳの知的障害児養護学校「Ｉ・Ｍ・Ｐ　Ｌ，ＥＳＳＯＲ」を紹介してくれました。ご夫妻の案内で「Ｉ・Ｍ・Ｐ　Ｌ，ＥＳＳＯＲ」を訪問し、ＪａｃｑｕｅｌｉｎｅＣＥＲＣＥＡＵ校長先生と五、六人の先生に会うことができ、日本との作品交流について話し合いました。この出会いがなかったら、ＭＹ　ＨＥＡＲＴ日仏交流は生まれなかったと思います。

その意味では、ＣＥＲＣＥＡＵ先生が夏休みにもかかわらず私の訪問をあたたかく迎え入れてくれたことは、とても幸運なことでした。二十年が過ぎた今も、その時の感謝の気持に変りありません。二十年の思いをこめて、ＣＥＲＣＥＡＵ先生に皆さんと一緒に感謝の気持を送りたいと思います。ＪａｃｑｕｅｌｉｎｅＣＥＲＣＥＡＵ先生、ありがとうございました。ますますお元気でありますようお祈り申し上げます。

「Ｉ・Ｍ・Ｐ　Ｌ，ＥＳＳＯＲ」の生徒作品との日本交流出展が六年間続いた後、一九九三年二月一一日付の手紙を当時ＲＩＣＨＥＬＩＥＵの知的障害児養護学校「Ｉ・Ｒ・Ｍ・Ｅ　Ｌｅｓ　ＦＩＯＲＥＴＴＩ」のＢｒｉｇｉｔｔｅ　ＲＩＣＨＡＲＤ先生からいただき、日本との交流出展をバトンタッチしたい旨を知りました。

そこで私は一九九四年九月に再びフランスを訪問し、Ｂｒｉｇｉｔｔｅ先生に会い、日本との交流展について話し合いました。夫の同校校長Ｊｅａｎ Ｐａｕｌ先生も一緒でした。その結果、二年後の一九九六年に「福祉ＭＹ ＨＥＡＲＴ美術展一〇回記念日仏交流展」をＴＯＵＲＳで開催することが決まりました。二年の準備期間をかけて、一九九六年四月にＴＯＵＲＳの保険会社「Ｍ・Ｐ・Ｆ ＡＳＳＵＲＡＮＣＥＳ」でこの記念展を開くことができました。その時は、本日ご出席されていると思いますが、当時同社の広報部長だったＦｈｉｌｉｐｐｅ ＵＺＥＬさん、Ｎｉｃｏｌｅ ＡＲＣＡさんに大変お世話になりました。一〇年前には本当にありがとうございました。

この記念交流展の後、Ｂｒｉｇｉｔｔｅ先生が参加団体に呼びかけ、翌年の一九九七年に「Ａｓｓｏｃｉａｔｉｏｎ ＭＹ ＨＥＡＲＴ ＦＲＡＮＣＥ」を設立したことの勇気と行動力は、大変見事な出来事でした。

そして、それを支えたＢｅｒｎａｒｄ ＢＲＯＴＥＬＡＮＤ先生、Ｄｏｍｉｎｉｑｕｅ ＲＯＴＵＲＥＡＵ先生、ＮＯＲＭＡＮＤＩＥ地方で協会活動を支えてくれたプロ作家Ｔｈｉｅｒｒｙ ＡＵＲＥＧＡＮさんに、私は心から敬意を表し、Ｂｒｉｇｉｔｔｅ先生ともども大きな感謝の気持を送ります。

皆さん、時間の流れは早いものです。「あっ」と言う間に「Ａｓｓｏｃｉａｔｉｏｎ ＭＹ ＨＥＡＲＴ ＦＲＡＮＣＥ」が設立一〇周年、日本の「福祉ＭＹ ＨＥＡＲＴ美術展」が第二〇回展を迎え、その「ＭＹ ＨＥＡＲＴ日仏二〇＆一〇記念国際交流展」も明日終了ということになりました。

この日仏作品交流の二一年間を振り返り、私は今ここで、その長い歳月のかけ橋として日仏双方の信頼を築きあげてくれたＳｅｔｓｕｋｏ ＵＮＯ・Ｐｉｅｒｒｅ ＦＵＥＮＴＥＳ夫妻の友情と誠実さに、万感の思いをこめて、ご出席いただだいた皆さんとご一緒に、日本とフランスの障害者の友情も含め、大きな感謝の気持を送りたいと思います。

最後に、今回の記念交流展に格別のご支援をいただいたＩＮＤＲＥ ｅｔ ＬＯＩＲＥ県と県議会議長Ｍａｒｃ ＰＯＭＭＥＲＥＡＵ先生、ＴＯＵＲＳのデパート「Ｌｅ ＰＲＩＮＴＥＭＰＳ」、会場提供いただいた知的障害児養護学校「Ｉ・Ｍ・Ｅ Ｌｅｓ Ｅｌｆｅｓ」、出品参加者と諸先生、賛助出品のプロ作家の諸先生、ご支援をいただいた全ての皆さんに心から感謝とお礼を申し上げます。

また、今回の成果を二〇〇八年障害者オリンピック北京大会記念「上海障害者美術展覧会」につなげていきたいと思っています。この展覧会は、中国、日本、フランス三ヵ国の障害者作品交流展として二〇〇八年五月中旬に、上海市障害者芸術センターで開催が予定されています。日本とフランスについては、私の責任において両国のＭＹ ＨＥＡＲＴからの出品となりますことをお知らせいたします。

今回の記念交流展で日仏交流の友情がますます深まり発展していけるよう、皆様方のご支援、励ましをお願い申し上げます。今年のクリスマスを盛大に、元気でお迎えできますよう、皆様方のご健康を心からお祈り申し上げ、日本委員会を代表して、私のご挨拶といたします。長時間のご挨拶で大変ご無礼をいたしました。ありがとうございました。Ｍｅｒｃｉ ｂｅａｕｃｏｕｐ。

（この挨拶文は、二〇〇七年一一月二九日「ＭＹ ＨＥＡＲＴ 日仏二〇＆一〇記念国際交流展」の展覧会場Ｉ・Ｍ・Ｅ Ｌｅｓ Ｅｌｆｅｓで開催された展覧会開会式スピーチの全文である。）

「花器」

私は二〇〇八年一月二七日、「美をつむぎだす夢舞台」(立川市民会館)を見に行った。この舞台は華道家假屋崎省吾・シンガーソングライターのカノン・ピアニスト小原孝・バイオリニストの真部裕の四人による〝LIVEパフォーマンス コラボレーション〟だった。私は華道家と音楽家達が同じ舞台に立ち、同時進行でどんな舞台を演出していくのか興味しんしんだった。

舞台は先ずNHK・FMラジオで何度か聞き覚えがある「弾き語りフォーユー」の小原孝さんのピアノの弾き語りで始まった。次に二〇〇四年秋にソニー・ミュージックからプロシンガーとしてデビューしたカノン(KANON・オーストラリアの音楽大学声楽科卒業)が〝風のメロディー〟、〝Gloria〟、「トゥーランドット」より〝ネッスンドルマ〟などの歌をソプラノ調で響かせ(彼女自身がピアノを弾き、真部裕がバイオリンで伴奏)、舞台のムードに乗せて假屋崎省吾が花を活けて〝春を呼ぶ〟舞台を作りあげていく、といった趣向。時々四人の花にまつわるトークがあり、「花は心のビタミン、花は元気の源です。花を大事に、花を楽しんで下さい。花は平和のシンボル…」と語る假屋崎省吾のやわらかくしなやかなトークは、何とも言えず華道家らしい清々しさだった。

そんな舞台を楽しみながら、私はフッと松村嘉男さん(知的障害者入所施設「福生学園」東京都福生市)の「第七回福祉MY HEART美術展」(一九九三年九月二二日~二六日・青梅市立美術館)出展作「花器」(一三φ×一二cm・陶器)を思い出していた。

当時彼は一六歳で、「福生学園」が開設準備中ということもあり、同園の母体であった心身障害児者施設「実生学舎」(事務局は東京都立川市・代表は故前田弘文)の通所者だった。「松村君がマヒの手で一生懸命作った花瓶なんだ。先輩、青梅の美術展に出してやりたいんだけど、どうだろうか」と前田さんから相談されたことがあった。彼は「友愛学園」（知的障害児者入所施設・東京都青梅市）で私と一緒に十数年働いた後輩であり、学部は違ったが同じ大学の後輩でもあった。そんな仲だったので、「ああ、いいよ」と私は何の疑念もなく彼の相談に応じた。

松村さんの「花器」には、前田弘文さんと過した思い出がいっぱい詰まって見える。松村さんにとっても、「おい松村、お前の手は凄いな。粘土が喜んでいるぞ。手も粘土も自由自在だもんな。頑張ろうぜ」と励ましてくれたであろう前田さんの声かけが、「花器」から聞こえてくることであろう。

あの日、あの時の前田さんの元気な笑顔が、「花器」の口々から咲きこぼれているように私の心には映ってくる。さらに、カノン、小原孝、真部裕の歌と演奏の響きの中で、華道家假屋崎省吾がこの「花器」に花を活けたら、どんな美が演出され、名器として輝くのだろうか。「花器」はそんな夢を語りかけていた。

「花火」

　青木弘さん（知的障害者入所施設「福生学園」東京都福生市・一九四〇年生まれ）の絵が面白いと思って初めて目にしたのは、「第一二回福祉MY HEART美術展」（一九九八年一一月二五日〜二九日・青梅市立美術館）の出展作品「自分と魚」（ポスターカラー画・六〇×八〇cm）であった。

「この絵は面白いよ。多分、点で形を追うのが楽しくて描いたんだ。点を目で追い駆けっこすると、いつの間にか画面の中に引き込まれて、楽しい気分にさせられちゃうよな。この人にどんどん絵を描かせてみたら、もっともっと面白い絵を描くと思うよ」と、当時「福生学園」園長の前田弘文さん（二〇〇二年一月一八日・享年五三歳で病死）に、展覧会場で話したことがあった。

「俺は絵の事は全然分らない。先輩がそう言ってくれるんだから、そうしてみよう。よし分った」と、彼は私に相槌を打ってくれた。

　青木さんは色彩感覚が優れていたらしく、点描ならではの画面が浮き立つような絵を、その後毎回出品した。カラフルでホットな点描画は、見る人の目をしなやかな温かさで包みこむ力を持っていた。ここに紹介した「花火」（二〇〇三年作・ポスターカラー画／二〇〇七年福生学園〈創作クラブ〉手作り画集「青木弘・作品集」）は、その特徴を最もよく示している青木さんの代表作と言ってよい。

　花火と言えば山下清の作品が有名だが、この「花火」は山下作品に並び立つ傑作の一つだと私は思っている。

「青木さんは（略）休み時間には作業棟に来て、絵を描いています。まいにち毎日少しづつ、それも点描です。（略）描かれているのは愛すべき『人物像』であり、『鳥』や『動物』であり、『野菜や果物』などです。また、点描による溢れるような色彩です。素朴で平明なワンダーランド。それが青木さんの絵の魅力のように思われます。」と、創作クラブ活動で絵画や造形作品作りを担当している鈴木孝先生は、「青木弘・プロフィール」で述べていた。鈴木先生は、自身が版画制作のアーティストなだけに、青木さんの特性、特徴をよく捉えていると思った。

　青木さんと同じ学園で暮らし、独自の詩を書き続けている網代一法（あじろ　かずのり・自閉症）さんの

「　固まっている。　　網代一法
　秩父の山は、／まだ、まだ白く
　　固まっている。
風が、『ドーッ』と吹いて、
　　枯葉の嵐
松の木が、『カーン』と／いいました。
春は　まだ　土の中
世界ハート展」

という詩の世界と「花火」とが、心と心の何処か、詩が持つ絵画性と絵が持つ詩的言語性の空間で、何となく繋がっているような感覚を私は覚える。こんな見方、感じ方は、年齢を空重ねしてきた私の独善なのだろうか。

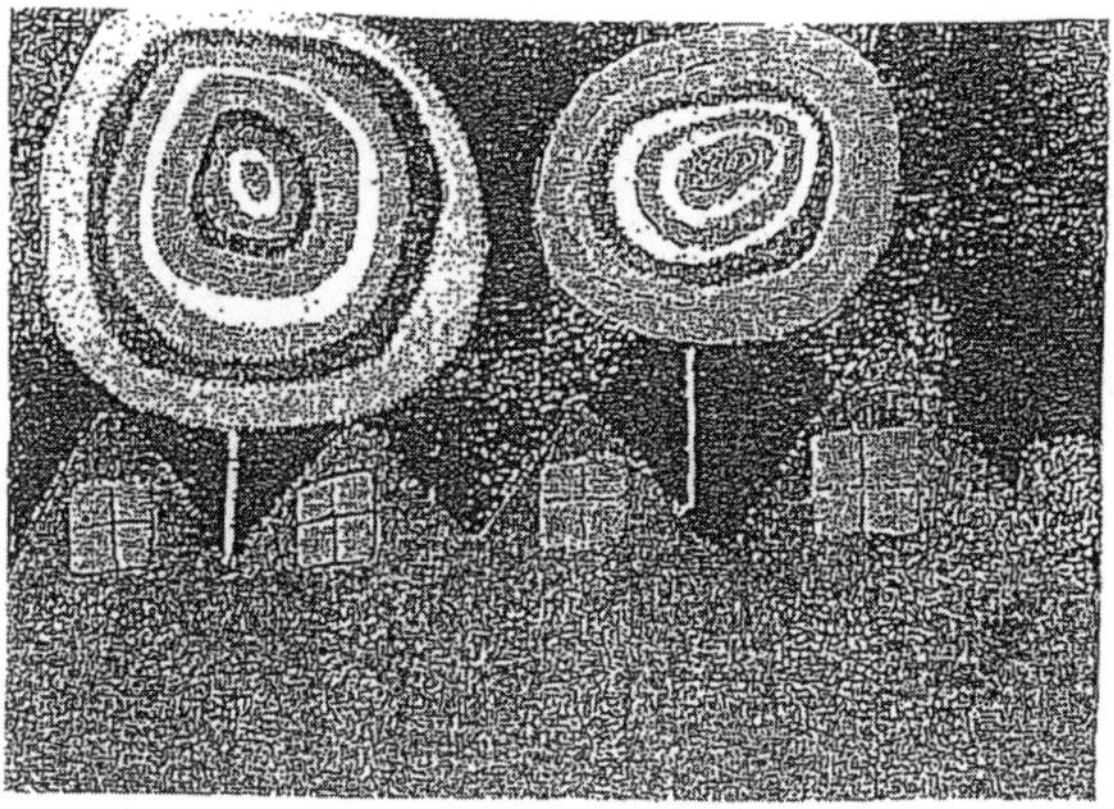

「あやとり」

私が小室文子さん（知的障害者入所施設「福生学園」東京都福生市）の作品に興味をもったのは、「第一一回福祉MY HEART美術展」（一九九七年一〇月二三日～二六日・青梅市立美術館）の出展作「花」（ドライポイント版画　水彩、パステルの手彩色・四八×六四cm）からだった。

会場全体の展示作品の中でこの作品は、決して目立ってはいなかった。しかし、野辺に咲く草花の一輪にも似た可憐さが感じられ、私には忘れ難い絵だった。二、三十代の若い人かと思ったが、小室さんは当時五七歳だった。

五、六年前になるだろうか、福生学園の学園祭を見学に行った折、同園の創作クラブ活動を指導している鈴木先生に「どんな風に指導しているんですか」と尋ねた事があった。彼にしてみれば「何という愚問か」と思ったに違いないが、「全て本人まかせです。私は黙って彼らのやることを見守っているだけ。本人の自主性を大事にして作る事、描く事を楽しんでもらうのが一番だと思っています」と、もの静かな口調で答えてくれた。

「あやとり」（2002年作・ペン、カラーフェルトペン、パステル画／2007年福生学園〈創作クラブ〉手作り画集「小室文子・作品集」）は、「花」から数えて五年後の作品。鈴木先生が本人に気付かれないような細やかな心遣いで、小室さんの絵心を伸び伸びと引き出した絵だと、私は思った。

私にはこの絵からマルク・シャガールやジョラン・ミロの抽象絵画に通じるファンタスチックでグラフィック調の楽しさ、面白さ（遊び心）が感じられ、その感性に天才を感じた。また一方では、モーツァルトやビバルディの交響曲を耳からではなく目で楽しむような不思議な感覚を覚えた。

福生学園の入所者で、「ＮＨＫハート展」「世界ハート展」などで活躍中の詩人網代一法さんの詩

　　風くん
　春　夏　秋　冬　春の風好き
風くん
　ぼくの　背中を　おさないで
　　ちゃんと　前に
　　　進むから

の風への呼びかけの軽ろやかさ、円やかさにも響き合う絵のように、私には感じられた。

　小室さんの絵は、年齢が重なっていくとともに、心の解放感が広がり、しなやかに伸びやかに線が踊り色が歌う、まさに目で音楽が楽しめる世界へと、私の心を誘い和ませてくれた。これからも、「あやとり」模様の絵は描き続けられていくことだろう。

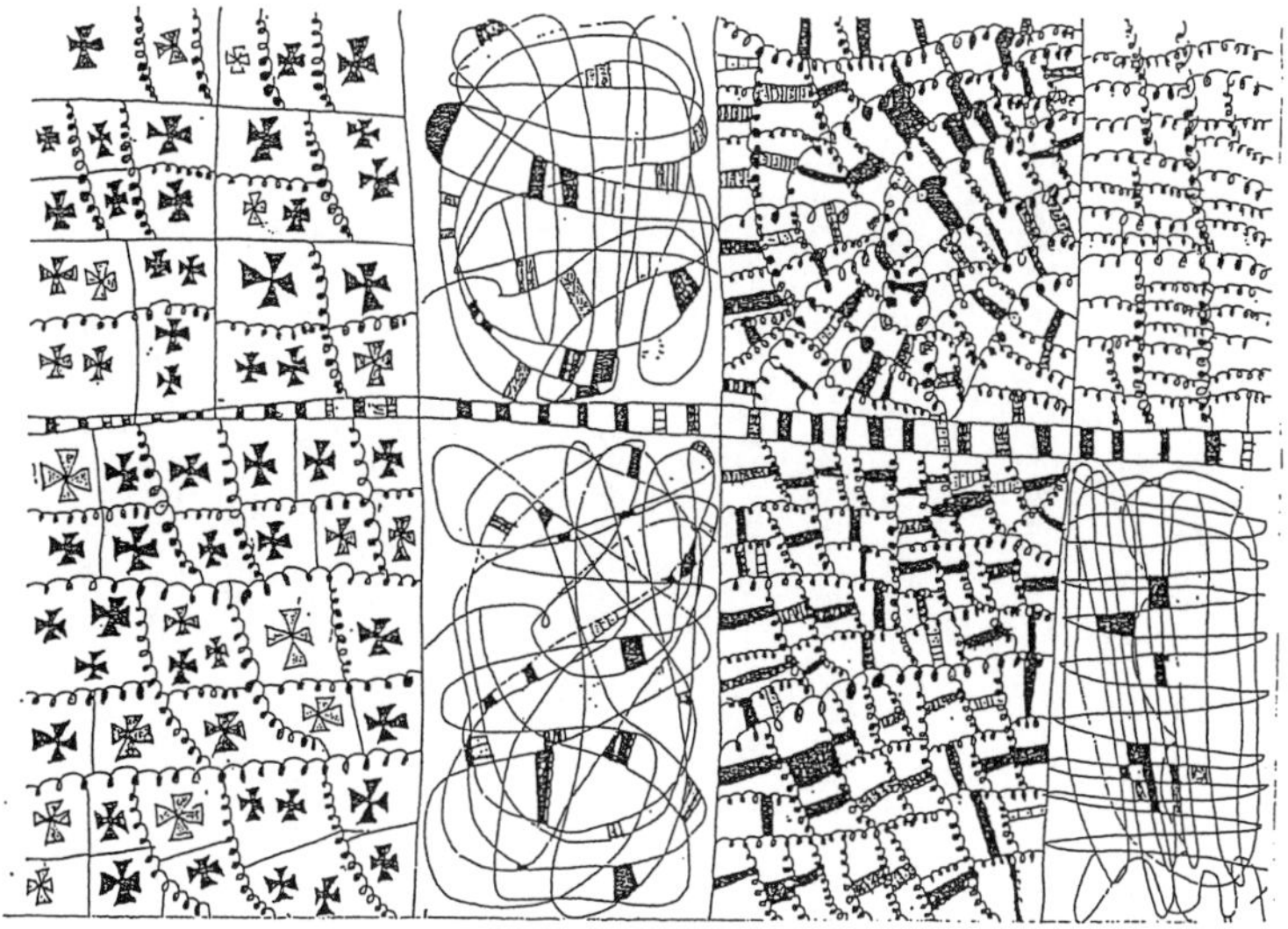

「さくらんぼ」

このところ、私は知的障害者入所施設「福生第二学園」(東京都武蔵村山市)で暮らしている詩人網代一法(あじろ　かずのり・二三歳・知的障害・自閉症)さんの詩にとりつかれている。と言っても、彼の詩を沢山読んだ訳ではないし、詩集を入手した訳でもない。彼の詩に出会ったのは、ひょんな事からだった。それは、私の娘がフランス留学から帰国した後、三年ほど同学園の生活支援員として勤めさせていただいたご縁によるものだった。

一法さんの生家は、「網代園」(同市)という地元では有力な狭山茶の製茶販売業を営んでいた。「お父さん、今度フランスへ行く時のお土産でお茶を買うんだったら、網代さんのお店にしたらいいよ」と娘に紹介された。私は「MY HEART日仏二〇&一〇記念国際交流展」(二〇〇七年一一月一五日～三〇日・フランス・トゥール市)の折、フランスの友人達が日本のお茶が飲みたいと言っていたので、お土産にはお茶を買っていこうと思っていた矢先のことだった。「そうか、それじゃおねがいするよ」と言って、娘と妻にお茶を買いに行ってくれるよう頼んだ。「網代さんのお父さんがね、気を遣ってこんなに沢山くれたのよ」と言って、娘がいただいた茶袋を取り出して私に見せた。あるはあるは、一〇袋もあった。

そのお茶袋の一袋一袋に、一法さんの詩がきれいに一篇一篇刷りこまれていた。その中の一篇が「世界ハート展」、五篇が「NHKハート展」の入選作だった。私は「二、三袋のサービスでよいのに」と思いつつ、袋の詩を一篇づつ読んだ。

読み終わった途端、私は欲深くも「ああ、全部いただいてきて良かった」と喜び、思わず「お父さん、一法さんありがとうございました」と心の中で呟き、両手を合わせて感謝した。

下に紹介する「さくらんぼ」という詩は、二〇〇八年四月二〇日、一法さんのお父さんが娘に贈ってくれた作品集「ＮＨＫハート展」（二〇〇八年版・ＮＨＫ・同厚生文化事業団・同サービスセンター発行）に掲載されていた一篇である。

同書によると、応募総数四五九八篇の中から選ばれた掲載詩は五〇篇だとの事。輝かしい「さくらんぼ」の詩である。

詩のすばらしさもさることながら、字の味わい、字の間合い、行間の流れに私は言語空間の美しさを感じた。絵が心に写しだされてくる鮮明さが、この詩には宿されていた。

さくらんぼ

お皿にさくらんぼを一つ
ポンと　のせました
一つじゃ　さみしいから
二つ　三つ　四つ　五つ　六つ
いっぱいのせたら
ぴかぴかの　赤いお山
富士山みたいにひろがった
お皿の　お花畑は
見えなくなった

「アイドル」

二〇〇八年五月一二日におきた中国四川省汶川県を震源とする「四川大地震」は、中国史上最大級の地震だという。その被災者状況は、現在のところ「中国政府の25日の発表によると、確認された死者が6万2664人、行方不明者は2万3775人に上った。」(26日付「朝日新聞」)との事。地震発生以後、新聞やテレビで連日その被災状況や救援活動が報じられ、一人でも多くの人が救出されることを祈るばかりである。

北京オリンピック、障害者のパラリンピック北京大会が開催されるまでに、被災地、被災者の安全と安心が一日も早く確保され、災害復興が推進されることを願っている。

こんな予期しない出来事の中、上海市障害者連合会とNPO法人マイハート・インターナショナルが、

「〝迎残奥〟―二〇〇八中国・法国・日本　智障人士艺朮作品展」(日本語の意味は「〝パラリンピックを迎え〟―二〇〇八中国・フランス・日本　知的障害者芸術作品展」)

を共同開催する運びとなった。展覧会場は「上海市阳光艺朮中心」(上海市陽光芸術センター)で、会期は二〇〇八年六月二二日〜二九日の八日間である。

中国ではこのような知的障害者の美術展、国際交流展は初めての開催だという。この展覧会が契機となって上海市民に知的障害者の表現文化が広く認識され、理解の輪が広まっていくことを、私は心ひそかに期待している。

元塚こずえさん(「青梅青少年クラブなかま」東京都青梅市)の作品「アイドル」(布貼り絵・三六×五二cm)は、「第一九回福祉MY HEART美術展」(二〇〇六年一〇月四日〜九日・青梅市立美術館)の出展作で、さまざまなお喋りが聞こえてくる作品だ

と、初めて見た時そんな気がした。絵の具の描写とは違った布貼りならではの立体的な迫力と輪郭の力強さに、何とも言えない充足感があり、その面白さが画家・絵本作家田島征三さんの絵とどこか通じているように思えて仕方がなかった。貼りこめられた一枚一枚の布切れが、それぞれ勝手なお喋りを楽しんでいるのだ。

「アイドル」は、漫才の宮川大助・花子さんではないかと想像したり、フォークソング歌手や司会者、さらにはニュースキャスターのコンビだったりと、その時々の気分で勝手に連想できる楽しさがあり、実に屈託のないユーモラスさが醸し出されている作品だ。

この作品は、昨年の日仏交流記念展（フランス・トゥール市）に引き続いて今回の上海展にも出展される。私はこの「アイドル」が四川大地震の被災者、とりわけその中の知的障害者の皆さんの心に、大きな励ましと勇気を呼びおこす力になるのではないかと期待している。また、この「〝迎残奥〟──二〇〇八中国・法国・日本　智障人士艺朮作品展」が、地震復興に少しでも役立つ展覧会となるよう、心から祈っている。

「開会式の挨拶」

你好（ニーハオ）。上海の皆さん、こんにちは。はじめに、四川大地震災害の被災者の皆様に、心からお見舞い申し上げます。と共に、特に心身に障害を持つ方々の生活の安全とご健康を、お祈り申し上げます。

本日、「パラリンピックを迎え—二〇〇八中国・日本・フランス知的障害者芸術作品展」を無事に開会されましたことを、私は上海市障害者連合会の皆様方に、心から感謝とお礼を申し上げます。

この展覧会の実現に際しまして、私は何と言っても、一九九九年の夏、日本の大学に客員研究者として留学中でありました上海師範大学の程郁（てい・いく）先生と巡り会った、その幸運に感謝しなければならないと考えます。

二〇〇四年八月二日、程先生の案内で上海市障害者連合会の所長石岳（せき・がく）先生と会って、展覧会について話し合いました。その時、上海市障害者事業国際交流センター主任沈立群（ちん・りつぐん）先生が同席し、程先生と二人で通訳兼アドバイスをしてくれました。私は中国の社会事情が全く分らなかったので、大変助かりました。

石先生と話し合った結果、日本と中国との共同開催について全く問題はないとの結論で合意することができました。石先生のこの時の決断と、「お互いに倹約、倹約でやりましょう」という言葉に、私は信頼を深めることができ、フランスに出展協力の要請をすることができました。

何はともあれ、このような経過と程、石両先生の友情と信頼、熱意と情熱がこの展覧会の道を切り開いたことに、私は本日ご参集いただきました皆様方とご一緒に、心から敬意を表し、感謝の気持を送りたいと思います。また、この展覧会の実現に向けて、ご支援いただきました日本と中国の関係機関、助成団体、企業、個人、ボランティアの全ての皆様方に、こころから厚くお礼申し上げます。

最後に、ご出展いただきました中国、フランス、日本の障害を持つ皆様方と、プロ作家の皆様方の益々のご活躍とご健康をお祈り申し上げます。この展覧会を通じて、知的障害を持つ人々の表現文化に対する認識と理解が広まり、深まって、「みんな違って、みんないい」という人生の価値観が発見できることを願うものです。

この分野での中国、フランス、日本の今回の国際交流展覧会が契機となって、アジアとヨーロッパの障害者文化国際親善交流が促進されることを、私は心から期待しています。

間もなく開催されますオリンピック北京大会、秋のパラリンピック北京大会、そして二年後の二〇一〇年の上海万国博覧会の成功と、中国の社会福祉が益々発展されますことをご祈念申し上げ、私の挨拶といたします。皆さん、ありがとうございました。謝々、謝々（シェシェ、シェシェ）。

二〇〇八年六月二二日

「〝我的心・国際〟（ＮＰＯ法人マイハート・インターナショナル）」日本委員会代表

熊木正則

（この挨拶文は、「迎残奥—２００８中国、日本、法国智障人士艺朮作品展」《パラリンピックを迎え—２００８中国・日本・フランス知的障害者芸術作品展》の展覧会場「上海市阳光艺朮中心」《上海市陽光芸術センター》での開会式スピーチの全文である。）

「にわとり」

一九九八年から九九年にかけて一年間、日本の大学に客員研究者として留学中の上海師範大学副教授程郁（てい・いく）先生が、初めて私の家を訪ねて来たのは、九九年五月三〇日だった。その日先生は、私とは初対面ながら「中国の水餃子を作ってあげましょう」と、半日ほど手間をかけて小麦粉を練り上げ餃子を作って、私と妻にご馳走してくれた。

先生は餃子を作りながら文化大革命で苦労した少女期の事や両親、家族の事など気軽に話し、「今の中国はこういう話もできるようになったのよ」と、笑顔で話し続けた。

その後、帰国直前の九月一一日に再度訪ねて来た。「今日は泊めていただくわ」と言って一泊していった。とても素直な人柄だと思った。「私は上海で知的障害者を見たことも施設の事を聞いたこともないわ」と口にしたので、私は丁度よい機会だと思い、知的障害者施設「友愛学園」（東京都青梅市）を案内した。「先生が上海で美術展を開きたい希望があれば、私帰国したら可能かどうか考えましょう」と言って、私の意志を確かめた。

それから五年後の二〇〇四年八月一日から五日の日程で、私は妻と娘を伴って、程先生を訪ねた。八月二日、先生の案内で「上海市障害者連合会事務所」（中国・上海市）の所長石岳（せき・がく）先生と面談。その結果、知的障害者美術展は上海では初めての開催になるが、「お互いに倹約でやりましょうね」と合意することができた。程先生の日本事情のアドバイスが、石先生と私との信頼関係を導き出してくれた事は言うまでもない。帰り際に程先生が「私が師範大の副教授ということで信用してくれたんだからね」と言った言葉の重さは、今も忘れ難い。

このように程先生と出会ってから足掛け一〇年の歳

月を経て、ようやく今回の「パラリンピックを迎え―二〇〇八中国・日本・フランス知的障害者芸術作品展」（二〇〇八年六月二二日～二九日・上海市陽光芸術センター）が、日中共同で開催されたのである。

上岡由紀子さん（三〇歳・知的障害・自閉症・「ゆきわりそう・レンガの家」東京都豊島区）の「にわとり」（水彩画・五四×三八ｃｍ）は同展の出品作で、昨年の日仏交流展（フランス・トゥール市）にも出展。この「にわとり」は、フランスから中国へ飛んだ事になり、由紀子さんにとってはまさしく〝パラリンピック〟に適ったにわとりの飛翔と言っていいだろう。

「諦めない。挫けない。潰れない。だから夢は訪れる」という言葉に、真紅の鶏冠は王者の誇りをもって輝き放っているようだ。さらに私には、何とも言えない作者の澄んだ心の目が、「にわとり」の目の中に感じられて仕方がなかった。多分その心の目の中には、由紀子さんの守り神が棲んでいて、その神の慈愛が眼差しをこのように描かせたのだろう。

この美しい目を、私は程先生に初めて出会った時にも感じたことがあった。

「くるま」

金村勇宏さん（二五歳・知的障害・「友愛学園」児童部・東京都青梅市）の「くるま」（クレヨン画・二七×三八ｃｍ）は、私に表現の自由のあり方について、深く考えさせてくれた作品のひとつとなっている。

この作品は「ＭＹ　ＨＥＡＲＴ　日仏20&10記念国際交流展」（二〇〇七年一一月一五日〜三〇日　フランス・トゥール市）と「パラリンピックを迎え―二〇〇八中国・日本・フランス知的障害者芸術作品展」（二〇〇八年六月二二日〜二九日・中国・上海市）の出展作。

私は金村さんの「くるま」シリーズ作品を一〇点ほど目にした時、絵が上手、下手だとか絵に対する観念的なことや常識的なことなどは一切関係なしに、ただ単純明快な線のスピード感が何とも言えず面白く、楽しく感じられてならなかった。その心地は、漫画家赤塚不二夫の「これでいいのだ」という言葉の妙味に通じているような愉快さ爽快さであった。

わが後輩、友人で詩人の菅井敏文さん（同園児童部施設長）は、その辺りについて次のような手紙を書き送ってくれた。

「（前略）表現を汲み取る、あるいは表現と見えずとも、視線の先にある表情から意思や気持を汲み取ることは、福祉ということの根幹であるように思います。意図的であれ、偶然的であれ、そこに出た音（音楽であれば）やそこに流れる絵の具（明確に絵を志向するものでなくても）の量や握りつぶされたチューブの形は、その人の心の状態の結果です。未来が詰まった結果とも言えます。自動書記の意味もここにあるような気がします。

実存哲学を装えば、表現以前も含めた表現へ向かう企投が人間の存在の基本的な在り方で、それを支え、見出し、引き出すことが福祉的投企とでも言えるように思えます。

（略）それぞれ個性的で楽しいと一口で括れるのですが、手前味噌で言えば、案外金村さんの作品が普通なのでしょうが。赤い線が刺激的で結構いいなぁと思ったりしました。（後略）」

この手紙は、「パラリンピックを迎え―2008中国・日本・フランス知的障害者芸術作品展作品集」の感想で、いかにも菅井さんらしい思索の受けとめ方だと思った。また、彼の詩人的、福祉人的な感受性の評言でもあった。

入所施設の平板な日常生活にとって車でのドライブ外出は、時間的にも空間的にもある種の異次元的な非日常の好奇心や冒険心が入所者の心に働くのか、誰も彼もが楽しみにしている。「くるま」の線描のスピード感と赤い線には、金村さんの車への強く激しい思いが迸っていて、「ぼくは車が大好きだ。早く車で出かけようよ！」と叫んでいる声が聞こえてくるような心持ちがしてならなかった。

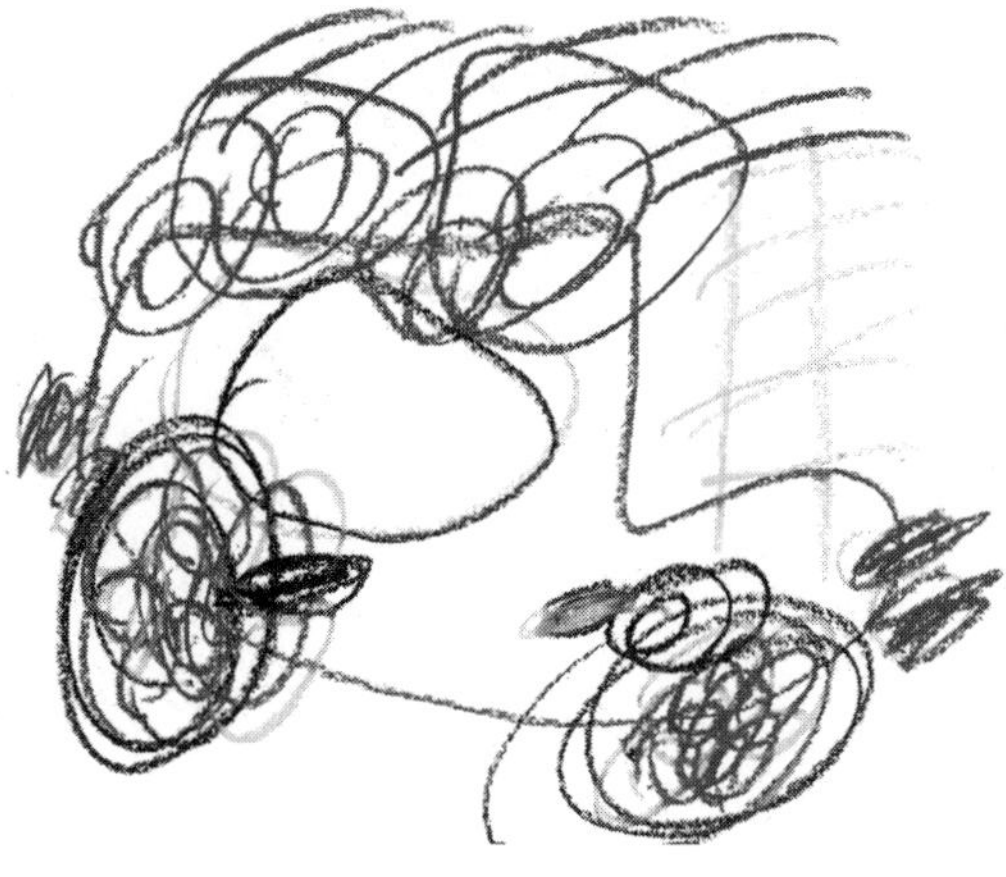

「魚」

かって私は、沖縄の陶芸家金城次郎さんの魚の絵皿を見学したことがあった。絵皿の魚はみんな微笑みかけていた。滑らかなきっちりと線刻された魚の姿、魚の目をじっと見詰めていると、何とも言えない穏やかな気持ち、安らかな心地にさせられる絵皿だった。

「何故こんなに心をやさしく包みこむのだろう」と、その絵皿の不思議さがその場では私に分らなかった。その後沖縄を訪れた時、この美しい島この美しい海が太平洋戦争の激戦地となった過去の戦跡や米軍基地を目の当たりにしたことで、何となく分ったような気がした。

金城さんは沖縄生まれの沖縄育ちで軍隊に召集されたという。自分の産土（うぶすな）の地が戦場となり、その悲惨な体験から平和への希求を願って、そのメッセージを魚の目の微笑みとして線刻したのではないかと思った。それ故に、私にはその線刻の目の笑みが、太く力強く心の底に滲みとおるような覚えがした。

陶伟锋さん（一七歳・知的障害・「上海市芦湾区輔讀学校」中国上海市）の「魚」（線描画・三九×二七cm）は、「迎残奥—二〇〇八中国、日本、法国智障人士艺术作品展」（二〇〇八年六月二二日〜二九日・中国上海市）の出展作。

陶さんの「魚」の笑顔は、金城次郎さんの絵皿の魚とどこかで繋がっているように思われた。時を越え、国を越えて、この魚の笑顔は金城さんの平和への祈りの微笑とたたえあっているかのようでもあった。

上海は私が生まれる以前、日本の不当な侵略戦争の戦場として沖縄と同じような悲惨な戦禍を経験した国際都市である。私の父（一九〇八年生まれ。故人）もこの日中戦争に従軍し、中国湖北省の武漢、宣昌まで侵攻したという。私が幼かった戦後復興期の頃、父は事ある毎に「マサ、戦争は間違っている。どんな訳があっても戦争は絶対駄目だ。人間が人間を殺しあって何になる。それが兵隊の仕事なんだからな。これだけはお前に言っておくぞ」と言い聞かせてくれた。私は父の言葉が怖かった。父の悲しさが切なかった。

一九八三年娘が小学校三年生の夏休みに、私は娘と妻の三人で初めて中国を旅行した。上海、湖南省、湖北省を二週間ほどで巡る旅だった。その時、中国人通訳の朱さんという方が赤ちゃんを胸に抱き、私達家族をホテルの部屋まで訪ねて来てくれて、「私の母は日本の軍隊に殺されました。でも私はあなた方日本人を恨みません。この子の将来が日本と仲良くなることを願っているからです。でも戦争は憎みます」と、一晩その苦しみや悲しさを語ってくれた。「ああ、朱さんの言葉の中に、私の父の悲しさがある」と思った。私は「許して下さい」と朱さんに言うと、涙が顔いっぱいに溢れ出た。

陶さんの「魚」は、そんな事を私に思い起こさせ、それ故に、日本の過去の過ちを忘れることなく、日本と中国の友好、平和への未来志向に向かって微笑んでいるように思われた。

「LE COQ」

フランスの知的障害者施設「I・M・E LA SOURCE」（SEMBLANCA・FRANCE）のSALIOU Laurentさんの「LE COQ」（雄鶏）は、「迎残奥―二〇〇八中国、日本、法国智障人士艺术作品展」（パラリンピックを迎え―二〇〇八年中国、日本、フランス知的障害者芸術作品展　二〇〇八年六月二二日～二九日・上海市阳光艺术中心・中国上海市）の出展作。

この絵を見た時、何とエネルギッシュで力強いことか、描かれた雄鶏が今にも画面から跳び出してきそうな迫力を感じたというのが私の第一印象だった。かって見た中川一政の絵の迫力、筆致の力強さに似ていると思った。

現代アートの第一人者で東京芸術大学美術学部先端芸術表現科教授の日比野克彦さんは、「絵を描く能力というものは想像する力があるからこそ成せる業である。この想像力というものは他者との関係によって鍛えられることもあるが、自己の中で研ぎ澄ますこともできる。想像力というものは人間が本来持ちえている才能であり、生れた後に教育によって習得する能力ではない。」と言っていた。（「ぬくもりのある日本、みんなが隠れた才能をもっている　～障害のある人たちが想像するアート～　平成20年6月　障害者アート推進のための懇談会」パンフレットの『絵を描く仲間』より）

私は「LE COQ」の絵にピッタリの言葉ではないかと思った。「人間が本来持ちえている才能」とか、「教育によって習得する能力ではない」という想像力が、この絵には確かに感じられると思った。人が生き物として本能的に持っている直感力が、雄鶏に対する作者の激しい感情のゆらめき、イマジネーションのありようとして、私には生々しく伝わってくる。

そしてその迫力は、作者の絵を描きたいというストレートな気持ち、感情が、雄鶏の外見上の微細な姿へではなく、ドバッといきなり中心部の生命エネルギー体に入りこみ、赤、黄、青を乗せた筆先から一気に発せられている、と言っていいだろう。色の動き方やコントラストは見事である。雄鶏がスペインの広場で、フラメンコを情熱的に踊っては「オレ、オレ、オーレ」と高鳴きしているような光景が想像され、ユーモラスでもあった。

また一方では、私が幼かった頃の日本の戦後復興期（一九四五年～五五年）が思い出された。私が育った雪国の山村農家では、鶏を庭先で放し飼いしていた。晴れわたった日の朝方は、「コケコッコー」と目覚まし時計がわりの雄鶏の鳴き声が村のあっちこっちの家から聞こえてきた。さわやかな朝の時報の響きだった。

雄鶏が蛙や蛇を啄ばむ姿も時々目にし、その鋭い眼光、気性の荒々しさ、野性的な足爪、真っ赤に燃え立つ剛直な鶏冠に、幼い私はたじたじと慄くこともあった。雄鶏の姿が懐かしく思い出される「ＬＥ ＣＯＱ」であった。

「顔」

重症心身障害者医療福祉施設「第二びわこ学園」(現・びわこ学園医療福祉センター野洲・滋賀県野洲市)の堀江慈子さん(当時四〇歳)の陶板画「顔」(五〇×四〇cm)は、「第八回福祉MY HEART美術展」(一九九四年一〇月一九日〜二三日・青梅市立美術館)の出展作。

この作品を私が初めて目にしたのは一九九三年九月二三日だった。第二びわこ学園が初めて東京で作品を発表した「にゃにゅにょ」展(一九九三年九月二二日〜二八日・ストライプハウス美術館・港区六本木)を見学。会場には大小さまざまな形と動きが焼成(素焼き)された作品が展示され、「私はここよ」「僕はこっちだ」とそれぞれが自己主張し、自由自在に歓び、唄い、踊りあっているかのように感じられ、心和む作品展だった。私は幸運な事に、この時初めて同学園の粘土室専任指導員の田中敬三先生に出会った。彼は私と同じ一九四三年生まれだった。これは何かのご縁かなと単純に喜び、親近感を覚えた。

私は思い切って作品の自在さについて質問した。「自由さについては糸賀一雄、田村一二、池田太郎先生達の療育理念の流れによります。最近、この流れに沿った作品がようやくこのような作品展で評価されるようになりました」と、田中先生は遠慮がちな口調で答えてくれた。「なるほどなぁ、近江学園のあの三大先生の福祉思想、指導理念がその源流となっていたのか」と私は合点がいった。

会場の壁に堀江さんの粘土画「顔」作品が一〇点ほど飾られていただろうか。その中から私は私の好みに合わせて、二点を乏しいポケットマネーで購入。作品は会期終了後に宅配便で届けてもらうことにした。ところが一〇月七日、田中先生は「素焼きで壊れやすいから」と、第二びわこ学園から私の家(東京都青梅市）までわざわざ車で運んで来てくれた。私は作品を大事に思う彼の心遣いと真摯な姿に、深く感動した。

「子どもたちは、自分の筆、自分の指で、自分の心の底流にあるものを表現しはじめる。それがどんなに、変な、貧しいものに見えようとも、本音であることは動かせない。百万円の偽金よりも本物の百円の方がありがたいのである」（『粘土でにゃにゅにょ』田中敬三著・岩波書店二〇〇八年刊）という田村一二（一九〇九―一九五）のことばを田中先生は大事にしていた。私は当時の彼の姿、態度を思い起し、まさにこのことばどおりの人柄だったと思った。また、今日までご縁が続いていることにも感謝している。

粘土画「顔」はややグロテスクながらも、重い症状の障害にひるまない懸命さが、よく表出されていると思った。土と水と火との戦いの中から、作者の魂が世界にたった一つしかない顔を産み出したのだ。私はその形、表情に原初的な想像の力、原始的な創造の美を感じ、「百円の方がありがたい」という真実の凄みを見させてもらった気がした。

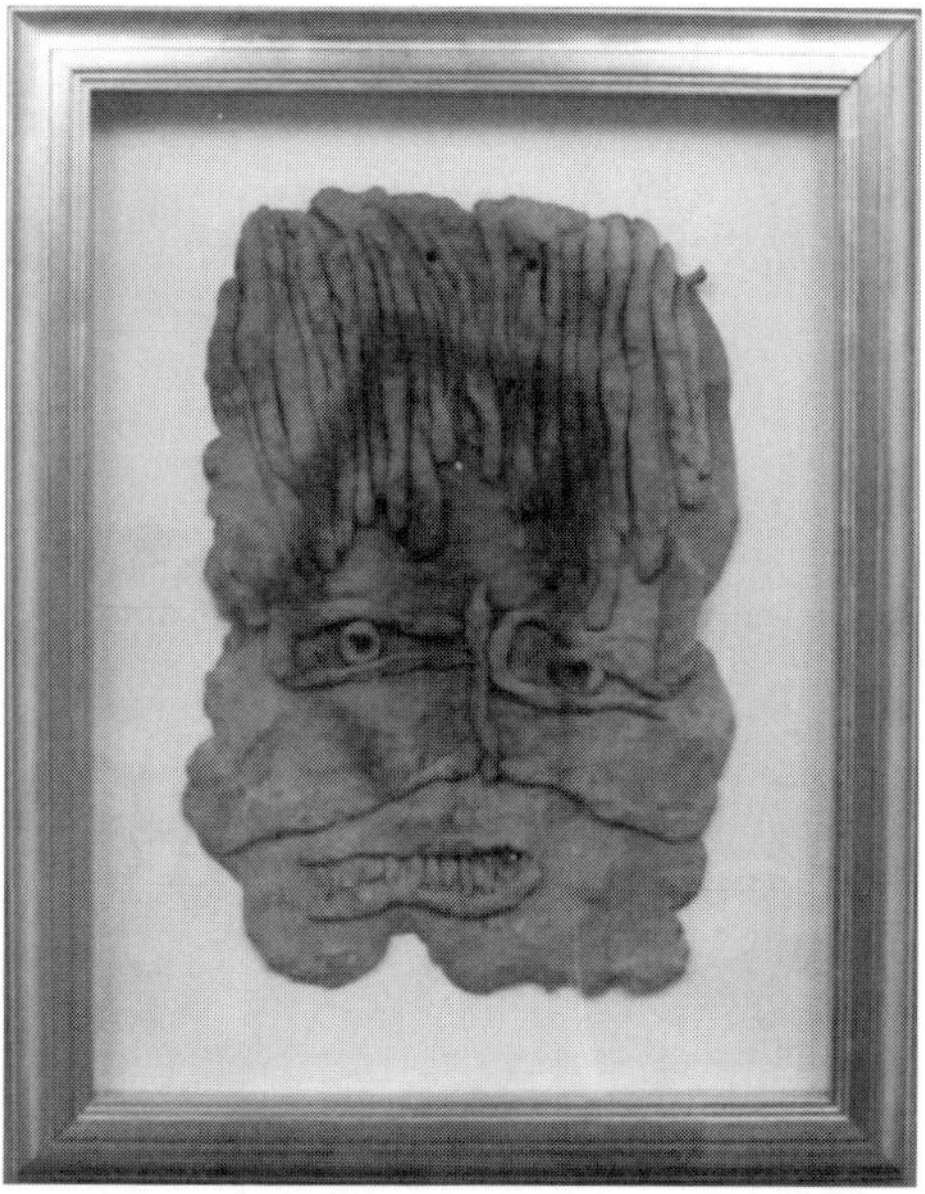

「人形　2」

重症心身障害者医療福祉施設「第二びわこ学園」（現「びわこ学園医療福祉センター野洲」・滋賀県野洲市）の高岡源一郎さん（当時五二歳）の陶オブジェ「人形2」（九×一二×一六cm）は、「第八回福祉MY HEART美術展」（一九九四年一〇月一九日〜二三日・青梅市立美術館）の出展作。

一九七九年から二〇〇三年に定年退職するまでの間、同学園の粘土室専任指導員として粘土活動を指導した田中敬三先生は、彼の制作活動について次のように述べていた。

「源一郎さん（源さん）は視力障がいがあり、ほとんど目は見えません。明るさだけを感じているようです。（略）二十五年ほど前のことです。源さんのグループの職員に、職場結婚をして間もない笑顔のかわいい女性がおり、よく一緒に粘土室に来てくれていました。その職員に赤ちゃんができて、日に日にお腹が目立ってきました。『源さん、赤ちゃんさわってみる？』とても明るいその女性は、源さんの手を大きなお腹にそっとあてがいました。何ともほほえましい光景です。目の見えない源さんは、手のひらに伝わってくる『赤ちゃん』をどう感じとったのでしょうか。『こんにちは、赤ちゃん、赤ちゃん！』こう歌いながら、源さんの『赤ちゃん』の制作が始まりました。

はじめは見ようと思えば、たしかに赤ちゃんらしき作品でした。それから徐々に目・鼻・口を指先で探りながら穴をあけるようになり、源さんの『赤ちゃん』が誕生しました。みんなから、『かわいい赤ちゃんやね』と言われ、以来、源さんはずーっと赤ちゃんをつくり続けています。お腹にいた『赤ちゃん』も、いまでは社会に出て元気に働いているそうです。しかし源さんのなかでは、いまでも小さな『赤ちゃん』のままなのです。」（田中敬三著「粘土でにゃにゅにょ」岩波

ジュニア新書・二〇〇八年岩波書店刊の〝源さんの『赤ちゃん』〟より）

少し引用文が長くなったが、私の勝手な解説よりもより正確な制作動機の情景、状況や田中先生の指導のあたたかい眼差しが分りやすいと思い、あえて引かせてもらった。

私はこの作品を初めて見た時、目は目、鼻は鼻、髪は髪と、そのかたまり一つ一つに命の響きがあると感じた。そして、そのかたまりが口元に見える台座で、全体のバランスをとっていた。首や肩ではない大胆さ、絶妙さには驚くばかりだった。思わず「だからこそユーモラスな均整美がある」と私は感じた。

田中敬三先生の本を読むまで、この作品が人の顔の形には見えても、それが「赤ちゃん」だとは分らず、私は作品発表の折に「人形　2」と題名を付けてしまったのである。

作者が女性職員のお腹に手を当てて、お腹の中の赤ちゃんをその感触で制作したとなれば、このような形になるのだろう。私はそこに作者の初々しい歓びを感じ、その不器用であるが故の素の美が、ほのぼのと温かくリアリティとして感じられたのだった。

「ピエロ」

卵の殻モザイク画「ピエロ」（一一六×九〇cm）は、知的障害者入所施設「青梅学園」（東京都青梅市）学習班（二〇歳から四〇歳のグループ）の共同制作品で、「第一回福祉MY HEART美術展」（一九八六年七月五日～一五日・青梅市立美術館）の出展作。今から数えると二三年前の出展作品ということになり、私にとっては感慨深いものがある。

当時の私は働き盛りで四三歳だった。この美術展を立ち上げたのはよいが、この先どんな風に展開、進展していくのか全く見当がつかなかった。一回、一回を無我夢中で開催するだけが精一杯だった。この「ピエロ」は、そんな私の心細さを「それ行けドンドン」と後押ししてくれた作品の一つだった。

この作品は、春のぽかぽか陽気に誘われて大空に浮かんだ綿雲が、ほんわかと昼寝の夢心地を楽しむピエロの姿となったような、ゆったりとした気分を私に与えてくれた。赤、青、黄、緑、白の配色のバランスが、ピエロの姿を効果的に浮き立たせている。そして忘れかけていた童心を呼び覚ます楽しさがあった。

「（略）夫は二月一四日朝六時四〇分ごろベットで『苦しい！　救急車を呼んでくれ』と叫びました。様子を見ると熱はないのに冷や汗を一杯かいていました。私は寝巻きだけ着替えて急いで救急車を呼びました。すぐ来てくれました。心臓の専門の榊原記念病院に行きますと言われて私も乗り込みました。（略）病院に着くと、実に素早く対応して下さいました。急性心筋梗塞ですとの事で、すぐカテーテルの治療をして下さいました。それは上手くいったのですが、前からあった不整脈がひどくなりました。そのあとは、集中治療室で全身麻酔で眠ったまま二週間闘ってくれましたが、遂に力尽きました。（略）」

毎日新聞社名誉社員開真（ひらき　まこと）さんの奥様からいただいた手紙（二〇〇八年八月）に同封されていた「三月四日　喪主挨拶」文の一節である。享年八二歳だった。

　開さんは毎日新聞社社会部を部長待遇で定年退職後、青梅通信部嘱託記者として六年間、「ぼくは現場主義、足で記事を書く（歩き廻るの意）」と言って記者生活を送っていた。その六年間、私は障害者文化活動の取材を受けながら、人生観や社会正義観などを学ばせてもらった。また、記者生活を終えた後も「よぉ熊木君、相変らず元気で頑張ってるね。何よりだ」と、笑顔で私を励まし続けてくれた。そんな開さんがこんな事になるとは全く想像していなかった。

　私がこの事を知ったのは、同通信部記者林哲平さんが同年三月二五日、私の個人取材で書斎を訪ねて来てくれた折だった。「二月二九日、開さんが亡くなった事を知ってますか」と彼に言われ、「エッ」と私は絶句した。

　また早春が巡ってきた。この「ピエロ」のようなあの浮雲が開真さんなのかも知れない。「開真さん、天国からの応援取材よろしくお願いします」と私は、「ピエロ」と共に祈った。

「自画像」

私達が絵を見る場合、大抵は作品とタイトルとの付き合わせで見ることが多い。そのことで自分なりのイメージ、作品や作者の意図（メッセージ）を自由に、勝手気儘に鑑賞するというのが、一般的であろう。それだけに作品タイトルが誤っていると、とんでもない見方、内容で理解したり、全然別次元の鑑賞、感想となって、作品本来の姿がとらえられなくなってしまう経験は誰にでもあると思う。

二〇〇八年に開催された「迎残奥―二〇〇八中国、日本、法国智障人士艺术作品展」（パラリンピックを迎え―二〇〇八中国、日本、フランス知的障害者芸術作品展・二〇〇八年六月二二日～二九日・上海市阳光艺术中心）に出展した知的障害者施設「ゆきわりそうレンガの家」（東京都豊島区）の高橋浩さん（三九歳）

の水彩画「いちご」（三二×四一ｃｍ）が、まさにそういう事だった。遅きに失したが、作品と作者の名誉のため、この機会にタイトルを訂正の上、心からお詫び申し上げたい。

というのは、浩さんのお母さんから同年七月九日付で次のような手紙を頂いたからだ。

「（略）浩も大好きなブルーの色の絵で、晴れがましい場で気分よくうれしかったことでしょう。画題は苺ではなく『自画像』でしたが、間ちがったまま出してしまいました。星野先生のお話では、皆で苺をスケッチしているうちに、浩は顔にしてしまった由、浩の絵の前で見て下さった上海のカメラマンの方々には『自画像』ですと訂正しましたら、歯がかいてあったので、すぐ納得して下さったようでした。」（文中星野先生とあるのは、同施設の絵画教室指導者で画家の星野かよ先生のこと。上海のカメラマンの方々とあるのは、上海の新聞やテレビなど報道関係のカメラマンのこと。）

作者の浩さんは、知的障害の他、耳が聞こえない聴覚障害、言葉が話せない言語障害と三つの重い障害を持ちながらも、母親と一緒に上海訪問団（出品の知的障害者を含む一七人・六月二〇日～二三日）に参加し、日中親善交流の日程を元気よく乗り切ってくれた。

浩さんは目がよく見えるので、行動にはほとんど支障がなく、「浩もご迷惑おかけしながらも落着いてすごせ、『花より団子』の浩は、おいしいお食事を充分に頂きました。福生学園の三原様にも手伝って頂けて、本当に助かりました。『よい人のところによい人々が集る』ということを泌々思わされました。」（同手紙より）と、楽しい旅行だった様子が分り、私は嬉しく思った。

ところで私はこの絵を「自画像」と見直し、浩さんの三重苦を重ねてみた。すると、顔の額の赤は苺を食べた満足感の心、口の中は赤い苺でいっぱい、右目、右頬はその美味しさと喜びの笑み、左目と左頬はまだまだ苺を食べるぞと、その表情が実に愉快に感じられた。まさに浩さんの心眼がとらえた極致の「自画像」にほかならなかった。

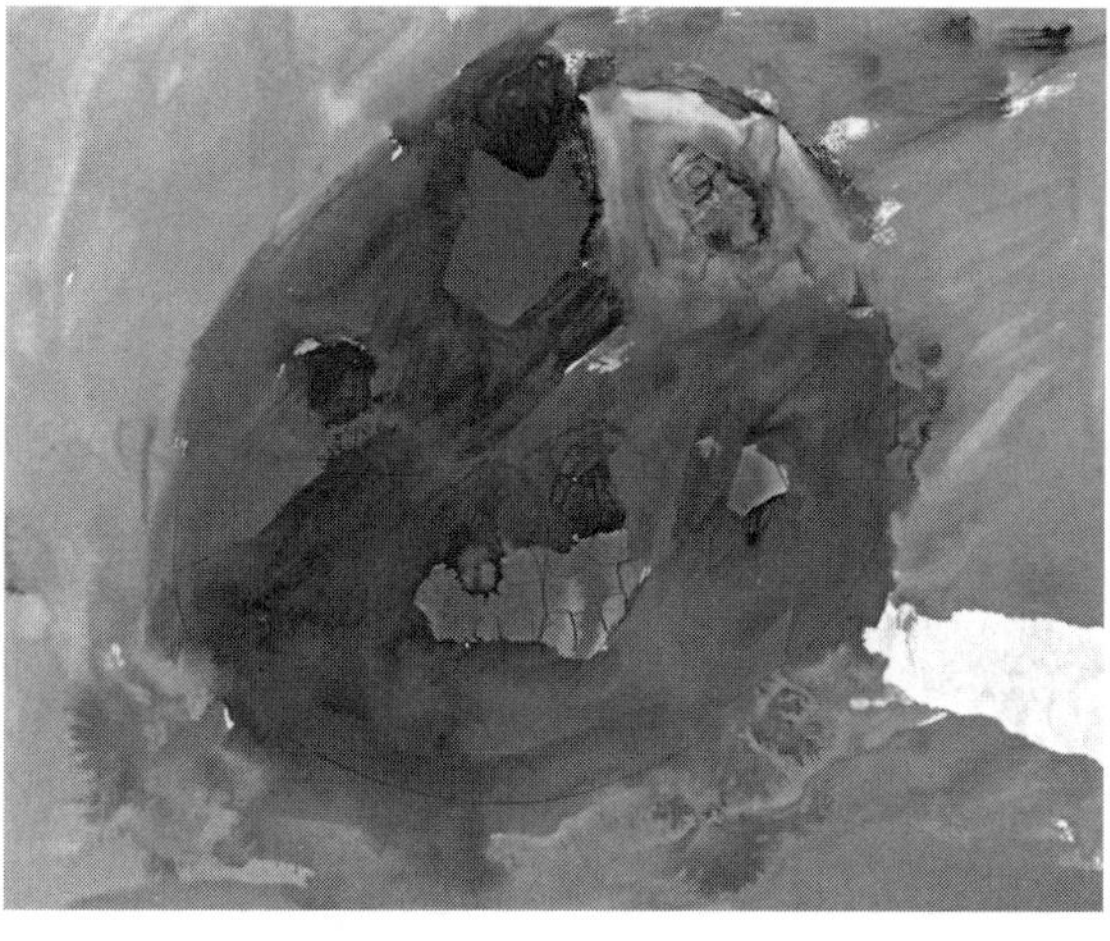

「花」

知的障害者生活寮「福生あらたま寮」（東京都福生市）で暮らす清野友規さん（三四歳）の「花」（書・三七×五〇cm）は、「MY HEART日仏二〇&一〇記念国際交流展」（二〇〇七年一一月一五日～三〇日・TOURS FRANCE）と「迎残奥―二〇〇八中国、日本、法国智障人士艺术作品展」（二〇〇八年六月二三日～二九日・中国上海市）の出展作。

私はこの「花」を見た時、二〇〇四年四月一日から二三日の日程でフランスへ出かけ、「Association MY HEART FRANCE」の会長Brigitte RICHARD先生宅にホームステイした日々の事を思い出した。

四月のNORMANDIE地方は、日中はまあまあの暖かさであったが朝夕は冷えこみ、路面が凍り付く寒さだった。そんな気候でも、彼女が住むFerte MACE町に一本だけあった八重桜は満開だった。妻法子は「こんな寒さなのによく咲いているわね」と驚いていた。しかし日中の陽光は日本よりも透きとおっていたし、日照時間が二時間ほど長くなっていたので、「桜もきっとフランス流の芽の覚まし方があって咲いたんだろう」と私は勝手に想像した。

赤い紙面にゆったりと落ち着いた書体で浮き立つ「花」は、その八重桜の花と重なりあって私には見えた。「何と美しい花だろう」と思った。

上海展の開会式で、日本の出品者を代表して、赤一色に彩られた壇上に立って「ぼく達は一生懸命書きました。皆さん、見てください」と、何の気後れもなく堂々と開会の挨拶をした友規さんの晴れ姿とも重なって、一層書面に輝きが増していたように感じられた。

開会式の後、中国側の展覧会責任者石岳（せき　がく・上海市阳光艺术中心主任）先生が、「出品者の挨拶に心がこもっていて、私はとても感動しました。一番すばらしい言葉の響きでした」と、私に言った。私も同感だった。あの壇上にたった友規さん母子の姿を、私は生涯忘れることはないだろう。

六月二六日付けの友規さんからの手紙には、

「熊木先生と皆様へ

上海に行って楽しかったです。たくさんの友だちの絵を見たり、ごちそうをたくさん食べて、サーカスも見て、よかったです。ありがとうございました。

清野友規」

と書かれてあった。

また母親三千子さんの手紙には、

「親子共々はじめての海外旅行、何もわからず出発前には心配しておりましたが、お蔭様で予定通りの日程を総て済ませる事が出来、心から感謝いたしております。一人でも多くの障害者が、自己表現出来る場を得、輝く事が出来ますよう希っております。」

と書かれてあった。

「花」は友規さん母子に咲いた八重桜だった。

「美丽的葵花」

四月一一日（二〇〇九年）、「私は姚立珏（ようりっかく）と申します。四月一八日、日本の東京厚生年金会館で公演をします。石先生が熊木先生と奥さんを招待したいと言っていますが、どうしますか」と、上海から突然電話があった。訳が分らなかったが、「分りました。伺います」と返事をした。その後、さらに「一八日午前一〇時三〇分、新宿の厚生年金会館のロビーで石先生が待っていますから、必ず来て下さい。二人に会えることを楽しみにしています」と姚さんから電話があり、昨年の六月上海展でお世話になった「上海市阳光艺术中心」主任石岳（せき・がく）先生が来日していたことが分った。

四月一八日、予定時刻に東京厚生年金会館で、石先生と上海展以来、約一〇ヶ月ぶりに会うことができた。姚さん（中国の大学院生）の通訳を介して挨拶を交わした後、招待席にご案内いただいた。

公演は〝中国障害者芸術団２００９春の日本公演「千手観音―Ｍｙ夢Ｄｒｅａｍ―」〟だった。この芸術団はこれまでに「日本を一六回訪問　二〇〇七年一〇月から一一月にかけて、私たちは日本の二六都市を回り、四五公演を行った。」（「Ｍｙ夢Ｄｒｅａｍ」中国障害者芸術団・訳文棚橋次郎・二〇〇八年刊）という。また世界三〇カ国余りで公演し、二〇〇八年映画『私の夢』が公開されると、「ユネスコは、この映画を機に、中国障害者芸術団を『ユネスコ平和芸術家』と定めた。」（同）とのことである。

この公演の、聴覚障害者二一人による踊り「千手観音」を観た時、私は陈瑛さん（一六歳・上海市卢湾区辅读学校）が「迎残奥―二〇〇八中国、日本、法国智障人士艺术作品展」（二〇〇八年六月二二日～二九日・上海市阳光艺术中心）に出展した絵画作品「美丽的葵花」（蜡笔画・二七×三九ｃｍ）を、思わず想い出していた。

この絵のタイトルを私は勝手に「麗しき向日葵」と訳してみたが、確信はもてない。が、私はこの「美丽的葵花」の花びらが、「千手観音」踊りの「千手」の姿に化身していくような感覚を覚えた。

花びらが、健康なみどりの茎に支えられた丸い花の頭をとり囲む「千手」とおぼしく私には思われたからだった。そして、その頭を向日葵の眼として見た時、夢いっぱいの作者陈さんの「ヤッター」という喜びの表情に思えてしかたがなかった。

「いのち　それは意義／折れたる木は折れたるままに／そこに芽を出し／いびつに咲く花も／かぐわしき香りを漂わす」（同書〝プロローグ　手話による詩『私の夢』〟より）という「Ｍｙ夢Ｄｒｅａｍ」公演の詩の一節のように、「美丽的葵花」はかぐわしき香りと麗しき千手向日葵として、誇らしく私の心に咲いていた。石岳先生と再び会えた喜びを謳ってくれた心地のする絵でもあった。

「私は女優」

瀬戸内海の豊島（てしま）にある知的障害者入所施設「社会福祉法人みくに園」（香川県小豆郡土庄町豊島）を訪ねたのは、二〇〇〇年三月七日から一〇日の事だった。

同園理事長高田久先生と「入所更生施設あり方研究会」（一九九四年二月から九六年三月・財団法人日本知的障害者福祉協会）の委員として二年余を過した事がご縁で、「熊木先生、うちの園で絵を描く人にどうしたらいいのかと、職員が迷っているようなんです。先生の美術展活動の経験で何かアドバイスをいただけませんでしょうか」と、「みくに成人寮」職員研修会の講師として高田先生から招聘されての訪問だった。

私は自信があった訳ではないが、高田先生の人柄と熱意に絆されて講師を引き受け、これまでに取り組んできた「福祉ＭＹ　ＨＥＡＲＴ美術展」活動の経験をボソボソと話した。

「私は知的障害そのものが天分であり才能だと思っている。ピカソのような巨匠でさえ晩年は常識から脱して自在さの単純化、下手っぽさに創作の悦びを見い出しているのだから。その意味では、知的障害者には初めからそうした才能が備わっているのかも知れない。だから教育的な押しつけは不用にして、本人まかせにして描きたいように描かせ、描く喜びを本人と職員が共有できるように見守る事が大切だと思う。その結果、作品に本人らしい個性が認められるものを〝作品〟として取りあげ、〝よく描けたね〟と励まし誉めて自信をつけさせればいいのではないか」というような主旨を話した。充分に意は尽くせなかったが、それでも「先生の話は実感が伝わってきて分りやすく、モヤモヤした気分がとれてスッキリしました」と職員が言ってくれたので、私は嬉しかった。

槇山光夫さん（四三歳・知的障害・同園）の「私は

女優」（油彩画・四一×三二ｃｍ）は、「ＭＹ ＨＥＡＲＴ日仏二〇&一〇記念国際交流展」（二〇〇七年・ＴＯＵＲＳ ＦＲＡＮＣＥ）と「パラリンピックを迎え―二〇〇八中国・日本・フランス知的障害者芸術作品展」（二〇〇八年・中国上海市）出展作。

「私は女優」が誰を描いたものか槇山さんに聞いてみたい気もするが、聞かないで勝手に誰だろうと想像しながら楽しんだ方がいいのかも知れない。私には顔の輪郭が岸恵子や檀ふみに似ているように思われ、表情は舞台稽古で鍛えあげた往年の杉村春子や三益愛子、水谷八重子といった大女優に通じるものが感じられた。目が生きている人物画だと思った。

「対象をよくとらえ、自分の思ったまま感じたままを描こうとする。驚くほど素直な、かわいらしい絵だと思う。画材は油絵風（水性のディオ）だが、左手で器用に扱い、色のセンスもいい。」（「みくに」二〇〇九年ＮＯ．一〇二）と、人物画三点、犬の絵二点、槇山さんの写真掲載で、作者紹介されていた。

「自分の思ったまま感じたまま」を大事にして、これからも描き進んでいくことだろう。

「どんぐり」

還暦を過ぎた頃からの月日は、「光陰矢のごとし」で、これほど時が速く流れるものなのかと、しみじみ感じ入る。でも私のような凡人には、これが避けて通れない現実なのかも知れない。また、「月日は百代の過客にして行かふ年も又旅人也」（芭蕉『おくの細道』）と、日々のうすれゆく過去の記憶のあいまいさに、どっぷりと身を委ねて月日の波間に漂う他、何もなす術はなさそうだ。

金井弘一（かない　ひろかず当時二一歳。知的障害者通所施設「虹の家」東京都日野市）さんの木版画「どんぐり」（三〇×四〇ｃｍ）は、「福祉ＭＹ ＨＥＡＲＴ美術展一〇回記念日仏交流展」（一九九六年四月一一日～五月二四日・ＴＯＵＲＳ・ＦＲＡＮＣＥ）の出展作。

思えばこの日仏交流記念展ツアーで、私は初めて知的障害の人達と海外へ出かけたのだ。弘一さんもお母さんと一緒に参加した。彼も初めての海外旅行であった。その時、「フランスの旅」と題して彼が書いた日記を、帰国後お母さんが私に送ってくれた。

「

（五）

今日も、お城を見学した。アンポワールのお城を見学したり、レオナルドダビンチの絵や発明した物を見て来た。トゥールの町はレンガの家や牧場があった。ロアール河もきれいだった。　四月一〇日

（アンポワールはアンボワーズ城。ダビンチ作品の見学は記念館クロ・リュセ。ロアール河はＬｏｉｒｅ川のこと。）

（六）

美術展のセレモニーパーティーがあった。広い会場に自分の絵がかざってあった。ジョンポール校長先生にヒロすばらしいと言われた。とてもうれしかった。

ポール先生はとてもやさしかった。　四月一〇日

（七）

今日は施設見学をした。馬車に乗って施設の中を回った。施設の中にはお城があったりとても広かった。身体障害施設ではウォーターベッドに横になって見た。気持よかった。この施設にも馬がいた。馬の名前はティアー。ティアと言うのはやさしい心のことだと教えてもらった。ティアーに乗せてもらった。ティアーの背中はあったかかった。　四月一一日　」

日記の終りに、お母さんがやさしく
「はじめから終りまで、すばらしい作品ができました。あなたが、このノートを持っていって、じっくりじっくり書いていた様子が目に見えるようです。これだけあなたに書く力があったとは、私も予想しませんでした。ありがとう！」
と「九六・四・一八」付けで書いていた。

この日仏交流記念展から既に一三年の歳月が流れた。「どんぐり」は「フランスの旅」日記に乗って、私の薄れゆく記憶の川に「月日は百代の過客」として漂うことだろう。

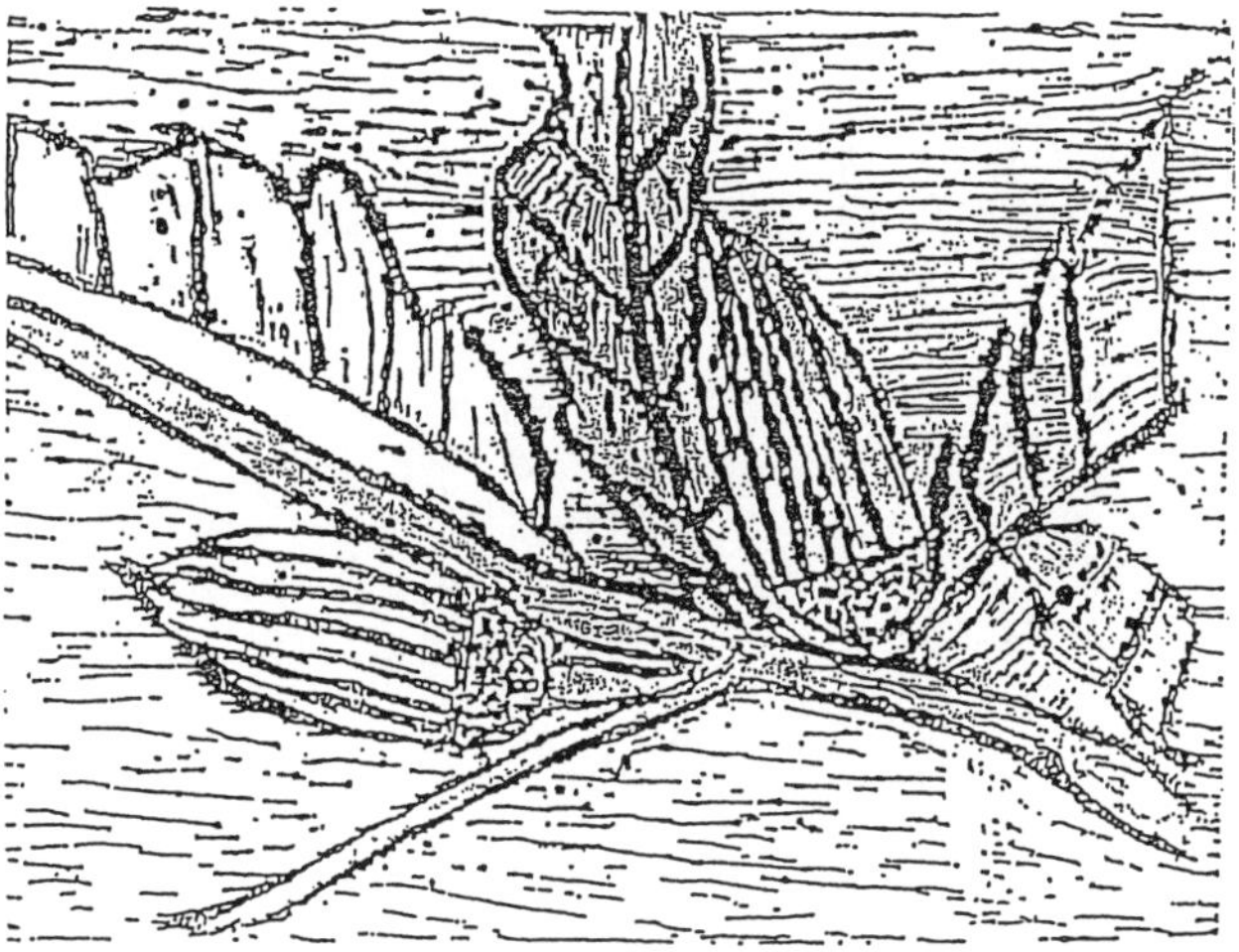

「**我的自画像**」

上海市浦东新区辅读学校の沈綺婷さん（一四歳）の「我的自画像」（油画棒画・二七×四〇ｃｍ）は、「迎残奥―二〇〇八中国、日本、法国智障人士艺术作品展」（二〇〇八年六月二二日～二九日・上海市阳光艺术中心）の出展作。

私はこの作品を見た時、何という力強さ、逞しさだろうと思った。さらに、イヤリングと蝶の形をした胸のブローチに、沈さんの未来への大きな夢が、はっきりと語られているように感じられた。

今日の中国は改革解放政策が進展し、めざましい経済発展を遂げつつある。二〇〇八年の「オリンピック北京大会」の成功や、二〇一〇年に開催される「上海万国博覧会」は、まさにそのような国家発展の象徴的イベントといえよう。このような発展の姿は、かっての日本の「オリンピック東京大会」、「大阪万国博覧会」とよく似た現象のように思われる。それだけに沈さん達知的障害者福祉の夢が、中国社会の発展とともに大きく成長していくことを、私は願わずにはいられない。

中国では初めてと言われたこの知的障害者作品展覧会に、出品者を含む知的障害者四人とその家族五人、施設職員等八人の総勢一七人の訪問団で、二〇〇八年六月二〇日から二三日にかけて出かけた。

この時、知的障害者施設「阳光の家」（上海市閘北区）を親善訪問した。この施設は「二〇〇五年五月一三日、上海市政府の実事プロジェクトの内容に基づいて、彭浦新村街道（〝彭浦新村〟という町）は上海市の先陣を切って、地域型の知的障害者〝陽光の家〟を設立しました。」ということで、上海市では一番最初に設立されたモデル施設であった。

このような事から中国の知的障害者福祉施策が開始されたのは、ごく最近の事だという事情が分った。訪問団のツアーガイド洪波（こう　は）さんは、「現在、施設は急ピッチで各区に作られています。人口約二四〇〇万人の上海市ではとても不足しています。あと何年で解決しますでしょうか」と言っていた。

この展覧会の実現に向けて、一九九九年から日本と中国の掛け橋として尽力いただいた、上海師範大学副教授程郁（てい　いく）先生が同年九月、私の家を訪ねて一泊した時、「私、上海で知的障害者を見たことも施設の話を聞いたこともありません」と言った。その当時、彼女のような教育者が知らないとは不思議だと思ったが、今回の施設訪問でそのことがようやく理解できた。当時は知的障害者の所在が、社会的にオープンにされていなかったため、だから分からなかったのだ。

こんな事情やいきさつの絡みもあって、「我的自画像」に潜む作者の喜びと心の太さが感じられ、私には印象深い作品だった。特に目は現実と未来を見据え、頬の赤い花は誇りと優しさを、太く真っ直ぐな首は自信を、そして胸の赤い蝶のブローチは夢と幸福感を、見る人の心に力強く語りかけてくる感じだった。

「Ｓａｎｓ Ｔｉｔｒｅ」（無題）

私が初めてヨーロッパの知的障害者施設を訪ね、その福祉情勢を知ったのは一九八二年だった。障害者の〝完全参加と平等〟をテーマに国連の「国際障害者年」（一九八一年から一九九〇年の一〇年間）がスタートして二年目であった。

私は知的障害者施設の生活指導員になって一〇年目ながら、〝完全参加と平等〟の理念として標榜された「ノーマライゼーション」という言葉が、どういう事なのか全く分らない状態だった。私に限らず大方の施設職員も同じではなかったかと思う。

そのような新しい障害者福祉動向の中で、東京都は「昭和五七年度心身障害者〈児〉及び老人関係収容施設職員海外派遣研修」を実施した。私は運よくその一員に選ばれ、スウェーデン、イタリア、スイス、フランス、イギリスの五カ国を研修視察する事ができ、「ノーマライゼーション」と社会福祉情勢の講義を各国で受け、少なからずカルチャーショックを受けた事は幸運だったと思っている。この研修視察でのカルチャーショックが、施設現場で私が個人的に活動できる「ノーマライゼーション」として、障害者の美術展や障害者国際交流活動を始める誘因の一つになったと考えている。

ところで、「Ｓａｎｓ Ｔｉｔｒｅ」は、その研修視察で一九八二年一一月一五日にスウェーデンのストックホルム市郊外の知的障害児施設「ＲＯＳＥＮＨＩＬＬ」を訪ねた時の作品である。「何て大きな絵だろう」と驚きながらも、絵については何も質問しなかったし、また説明もなかったので、何も分らず仕舞いになっている。

そこで私は勝手に無題という意味の、表題名とした。個人制作か、数人で描いた共同制作かも分らない。この施設（六歳から一七歳の入所児で定員二四人。職員配置は二八人）は、重度の知的障害の他、視覚、聴覚、言語、情緒、肢体（歩行、体位維持困難）等の重複障害児童施設で、学校が併設されていた。

生活部門や学校部門の機能訓練や感覚訓練等の様子から推察すると、このようなフリーハンドで絵が描ける児童は、数人に過ぎないと思われた。その人達が、学校の図工の時間中に、それぞれの障害にあわせた時間の使い方で、ゆっくりゆっくり制作したのだろう。この「Ｓａｎｓ Ｔ·ｉｔｒｅ」に限らず、施設内には大小の絵画作品やカラフルな図工作品がたくさん飾られていて、とても明るく和やかな雰囲気だったことが、今も強く印象に残っている。

絵の中の太陽はお母さん、大空を舞う鳥は自由、ポプラの木が高く大きく聳え立つカラフルな家はわが家、お花畑の真ん中で縄とびをする白い少女は私、二頭の羊を追う人はお父さん、向日葵と一緒に見守る人はお母さん……と想像すると、とても楽しくホットな心の風景画だと私は思った。

「Sans nom」

私がこの「Sans nom」（無題）を見たのは、一九八二年の「昭和五七年度心身障害者〈児〉及び老人関係収容施設職員海外派遣研修」（東京都）で、イタリア・ローマの知的障害者施設「DON GUANELLA」を視察訪問した折だった。

この施設は、重度心身障害児の早期発見、早期治療訓練の通所リハビリ棟、中軽度者の作業、職業訓練のための就労訓練棟、重度者の生活や活動訓練を行うデイケア棟、重度、中度の男子のみが入所生活する居住棟の四部門を併設する総合型の大規模施設であった。

敷地面積は一三ヘクタール、建物は四〇〇〇平方メートルで、ローマ市内にはここだけとの事だった。しかも、施設の創設者が牧師で、宗教上の理由から生活棟は男性のみが入所生活している、との説明だった。女性はどうしているのだろうかと思ったが、通所部門に通って来ているという他、入所生活についての説明はなく、皆目分からなかった。（質問する時間もなく、次から次へと視察場面に追われてしまった。）

スウェーデンやイギリスの「ノーマライゼーション」の福祉動向、情勢に比べて、イタリアの障害児者福祉は、同じヨーロッパ大陸の中にあって、大分違う（遅れている）なあと、私は思った。ラテン系の楽観主義、楽天的な国民性の違いによるものなのかも知れない。地中海の温暖な気候や風土、ローマの歴史や文化に培われたイタリア人気質も作用しているのだろう、とも感じられた。何事も焦らず、ゆっくり、のんびり、楽しくなのだ。

例えば、スウェーデンでは社会福祉法（一九八二年一月制定）に基づいて、知的障害児者が一般の人と同じように、地域社会で生活できるシステム、社会制度化が推進されつつあったのに対し、イタリアでは国の法律のもとで各地方に「ウニタ・サニターリア」という医療センターがあっても、州や市の地方レベルで心身障害児者の条例があるところとないところがあり、条例のない地方ではほとんど具体的な活動をしていない実情にある、という具合に。

とは言うものの、「DON GUANELLA」の職業訓練棟では、木工、皮革、陶芸、園芸、農園等の作業、職業訓練が施され、ローマ市役所、病院、公共機関、公団、手工業系の町工場等に就職している、との事だった。因みに当時は、病院に四人、クリーニング店に二人、新聞の切り抜き整理一人、経理の領収書整理に一人、機械金属工場に三人、市バスや家等の清掃、掃除に五人が就職できたとの説明だった。

そんな説明を受けながら目にしたのが、「Sans nom」だった。誰が、どんな姿、雰囲気で制作したのか分らなかったが、ペンギンもクマやリンゴも皮を着色して幾つかのパーツに分けて型切り、それを貼り合わせて作品に仕上げたものだった。伝統的な皮細工の技法が、そこには感じられた。

「学習画」

この作品は、私が勝手に「学習画」と題名を付けたものであることを、あらかじめおことわりしておく。一九八二年一一月二五日、東京都海外派遣研修視察でイギリスの知的障害児学校「OAKLANDS SCHOOL」の教室で目にした学習用の絵である。

この学校は重度、中度の知的障害児のセルフケアと社会生活適応トレーニング教育を目的に、一九七三年に設立された県立養護学校だった。一一歳から一九歳の生徒六九人が年齢や障害度別の三グループに分けられ、さらに少人数分けのクラス編成が行われていた。

なかでも義務教育後三年延長した継続教育(一六歳から一九歳)の生徒三〇人は、五、六人の少人数で体操、音楽、工作、金属、家庭科、アート・社会科、庭師の教室を移動して授業を受けるシステムになっていて、「さすがはイギリス、教育が進んでいるなあ」と思った。

視察中、思わぬハプニングが起きた。同行の女性研修員が、日本のお土産として持参した紙風船をふくらまし、プレールームで数人の生徒と遊び興じたのだ。生徒達は「キャッ、キャッ」と大喜びで、紙風船を追い駆けては両手で宙高く打ち上げ、はしゃぎ回った。

その光景を目にした校長Mrs・Edith GARD先生が、「貴方達は何をしているんですか! 私達はこの生徒達が一日でも早く大人になるための教育をしているんですよ。それなのに、風船遊びで生徒達を五、六歳の子供心に引き戻すとは。それが日本の教育なんですか! 私には理解できません」と、血相を変えて、その研修員を叱りとばした。

私が別の教室へ向かっている途中の出来事だった。「熊木先生、大変です。校長先生が突然怒り出しました」と、通訳が小走りで私に知らせてくれた。私は直ぐ引き返し、生徒の前では教育的に良くないと判断して、校長先生を廊下に呼び出し、事の次第を説明した。

「日本には武士道、イギリスには騎士道があります。お互いに解りますね。私達は英語が話せません。紙風船はボディー・ランゲージなのです。日本の伝統文化として紙風船の素晴らしさを伝えたかったのだと思います。校長先生がもし日本の学校を訪ねて日本語が解らなかったら、生徒達とのコミュニケーションをどうされますか。やはり、イギリス流の何かを考えられるだろうと思います。その立場でご理解をいただけませんでしょうか」と。するとと校長先生は、「分りました。よく理解できました。アイム・ソーリー、ソーリ」と、私と固い握手を交わし、笑顔に戻った。研修員にも「私の誤解を許して下さい」と謝って、一件落着した。

私は内心、「やはりイギリスは教育立国だなあ」と、あらためて再認識させられた。この「学習画」は生徒に描かせたものかどうか分らなかったが、この絵の写真を見る度に、このときの事が思い出され、校長先生の笑顔が、今も懐かしく脳裏に浮かんでくる。

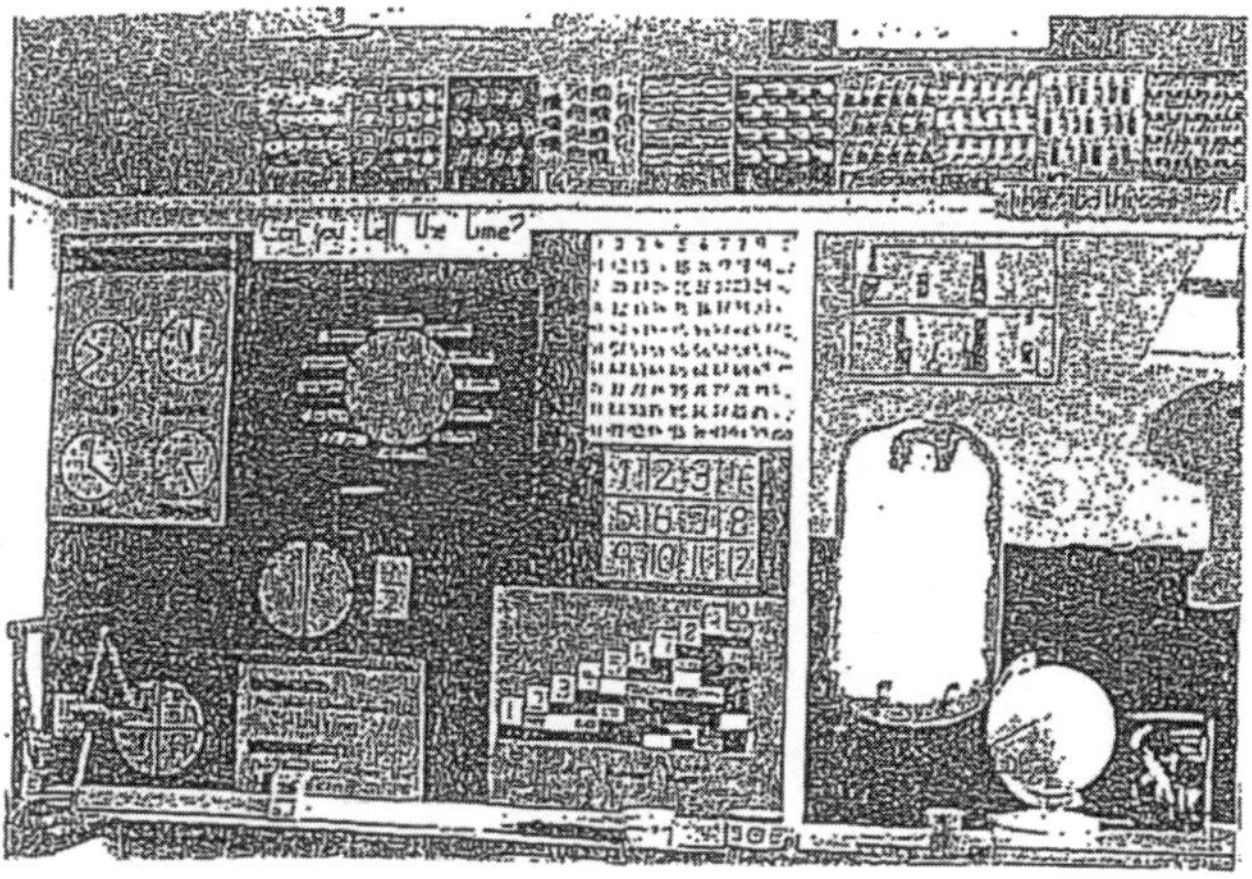

「SCULPTURE」

フランス・ロワール地方の知的障害者の粘土造形作品「SCULPTURE」は、TOURSで二〇〇三年に開催された「2003 MY HEART FRANCE」（同年一月・Galerie La PASSERELLE&MATHURIN）の出展作。

この作品は、同展副会長Bernard BROTELAND先生が報告書と一緒に送ってくれた写真集の一枚で、作者名が書かれていなかった。

造形のポーズからは、バレーの練習姿が私には想像された。この作品を目にした時、私は一九八二年一一月二二日に研修視察で訪ねた知的・身体的障害児学校「I・M・E La NICHEE」の事が思い出された。この学校はパリ郊外の住宅団地の中にあり、「学校はどの建物か」と思うほど周囲の住宅やアパートに溶け込んだ校舎作りだった。「さすがはフランスだ」と、そのセンスの良さに驚いた事を今も憶えている。

一九七二年に設立された私立学校で、三歳から二〇歳までの精神的、身体的、性格的な障害児童八〇人が、自宅からスクールバス、重症児はタクシーや救急車で通学。「エッ、救急車で」と私は驚き、その人権重視に感動させられた。精神科医、精神分析医、言語療法士、理学療法士、身体機能訓練士等の専門スタッフを揃えていると、校長HOLLEAU先生の説明を聞き、教職員の手厚い配置にも驚きだった。

後年フランスとの美術展交流を深める中で、フランスでは公立よりも私立の方が給料も設備も良く、有能な職員が働いている事情が分り、「I・M・E La NICHEE」校は、当時そういう先進的な学校施設であった事が理解できた。

しかし、当時のフランスではこのような学校は実験的な段階で数が少なく、北欧諸国やイギリスに比べて障害者福祉施策は、全般的には一歩遅れていた印象を私は感じていた。反面、老人福祉施策には力が注がれている印象が強かった。その事を聞くと、「そのとおりです。老人には選挙権があり、その点では政治的な強みがありますからね」と、いかにもフランスらしい考えの返答だった。

ところが、その後の一九八〇年代の終り頃からは障害者福祉施策に重点が移り、私がフランスを訪ねる度ごとに、新しい施設（学校、職業訓練、工場設備、就労訓練、生活ホーム等多機能、総合的、複合的施設）が各地に見られるようになり、研修視察で訪ねた頃とその様相は一変していた。その力強さ、根深さに、やはりフランスは大国だと私は思った。

「SCULPTURE」は、私にこんな感慨を持たせてくれた。そう言えば、「身体機能とバランス感覚の訓練に、バレーの動きをとり入れています」と、タイツ姿の少女達に手拍子でバレーを指導していた場面が思い出された。この作品はその少女達の姿にどこか似ているようで、私には微笑ましく思われた。

「Kek Lok Si Temple」

マレーシアのYak・Ping Lianさん（知的障害）の墨絵「Kek Lok Si Temple」（インク・五二、五×七五cm）は、「2009アジア・パラアートTOKYO」（二〇〇九年九月一一日～一六日　そごう・西武／西武池袋本店・別館西武ギャラリー　主催・財団法人日本チャリティ協会）の〝パラアート賞〟受賞作品。

この美術展覧会は、「東京2009アジアユースパラゲームズ」（同年九月八日～一五日　会場・国立代々木体育館等　アジア四〇カ国参加）の関連記念行事として開催された。障害者アートのアジア国際交流美術展覧会としては、アジアでは初めての開催という事で、日本から一二〇点、アジア一六カ国と地域から五八点の絵画作品が出展された。

記念シンポジウム『今、アジアが出会い新しいアートが生まれる！』（同年九月一一日　メトロポリタンプラザ）も開催され、

「私たちは様々な障害を乗り越え、生きる証として生まれてきた作品を〝パラアート〟と名づけました。これからはこの〝パラアート〟を障害者アートの共通の言葉として愛し育てていきます。（略）この言葉を普遍化するとともに、日本からアジアへ、アジアから世界へと障害者の才能による芸術文化の渦を起こしていくことを宣言いたします。」（「2009アジア・パラアートTOKYO」パンフレット宣言文）

と、声高らかに宣言文が読みあげられ満場一致で採択された。まことに時宜に適った画期的な出来事だった。

絵に描かれた「Kek Lok Si Temple」は、マレーシア・ペナン島のペナン・ヒル（標高八三三m）の麓にある同国最大の仏教寺院。空に向かって建つパゴダは、下層の八角形部分が中国様式、中層部

分がタイ様式、上層部分がビルマ様式で、七階層になっていて、高さは三〇メートル。

私は美術展アドバイザー委員として一カ国でも多くの国々の空気に触れておきたいと思い、同展終了後の九月二五日から二九日の日程でペナン島を訪ねた。その折、東京の音楽学校に留学し、日本が大好きという女性の現地ガイドさんに半日ほどかけて、この寺院を案内してもらった。

それまで私は不勉強で、マレーシアはイスラムの国家とばかり思い込んでいた。この寺院を見学してまわり、少なくともペナン島では仏教が人々に篤く信仰されていることを知った。約六〇万の人口の内、中国人が約七〇%、他にマレーシア人、インドネシア人、タイ人、ベトナム人、ビルマ人などの東洋人と西洋人とで約三〇%の比率だという。

こうした多民族の共存、異文化の融合した空気を念頭に置いて、あらためてこの作品を思い返すと、その白黒の描線からは心の響きが、実際に目にした寺院の赤、白、黄、緑の彩色の風音となって聞こえてくるような感覚を、呼び覚まさせてくれる描画となっていた。

「地球の顔」

知的障害者入所施設「友愛学園」（東京都青梅市）で暮した佐藤清さんの「地球の顔」（クレヨン・アクリル水彩画　五二×三六ｃｍ）は、第一回福祉ふれあいＦＲＩＥＮＤＳ展」（一九八八年二月五日～一〇日・朝日ギャラリー・ＪＲ立川駅ビル）、「第三回福祉ＭＹ　ＨＥＡＲＴ美術展」（同年七月二日～一七日・青梅市立美術館）の出展作。

出展時「無題」ではと思い、私が勝手に「地球の顔」として清さんに同意を求めたのだが、今になって考えるとその事が適切であったのだろうかと思う。彼にとっては、とにかくその時頭に浮かんだイメージを一心に描き出したまでの事で、題名などはどうでもよかったに違いないと思うからだった。

彼はいつも人物画を描いていただけに、絵が仕上った時、「こういう絵も描くのだ」と私は驚いた。「清さん、とてもいい絵が描けたね」と言うと、彼は嬉しそうに「うん」と力強く頷いた。星、月、山、緑の大地、そして地球の顔という具合に私には見えた。さらに画面全体からはインカやマヤ文明などの宇宙崇拝的な世界観が感じられ、その不思議さに魅了させられた。

清さんのこの絵に感じられるような事は、何も彼に限った事でもなく、私がかかわり知っている知的障害の人達には大なり小なり共通に感じられてきたもので、ある種のプリミティブな心の働き方なのかも知れないと、時々思う事があった。そこをうまく言えないのだが、教育による知識や判断力とは別次元の、もっと奥深くの人類としての遺伝子的なものが、彼らの肉体的な感覚や知覚に生なましく働きかけている、そういう事なのだろうかと思う。

こんな事を考えさせてくれた清さんだったが、悲しいかな二〇〇九年一一月三〇日、体調不良による肺炎で亡くなった。享年七五歳。彼は「友愛学園」で四〇年暮らし、その間私は同園を退職するまで三〇年間、施設生活を共に過した。私にとって彼は素晴らしい天才アーチストだった。

清さんの元気だった頃の陶芸や絵画制作活動は言わず語らずの姿で、『音、沈黙と測りあえるほどに』（武満徹著・一九七一年・新潮社刊）ではないが、測り知れない沢山の出来事や人生の道を私に学習させてくれた。

亡くなる前の一一月八日、私は寝たきりになった清さんの話を聞き、「友愛学園」を訪ねて彼を見舞った。「清さん、クマゴロウだよ、分るかい。早く元気になって、また美術館に絵を描いて出そうね」と声をかけると、一瞬目をキラッと光らせ、低いかすれた声で「うん」と返事をした。この様子なら正月までにはベッドから起き上がって、絵を描き出すかも知れないと思ったのだが……。

しかし、この時が彼との最後の面会となってしまった。葬儀の時、私はお経のあい間に彼の遺影をジッと見つめた。するとその表情が「地球の顔」となって、私に微笑みかけてきた。「ありがとう」と私は心の中でつぶやいた。

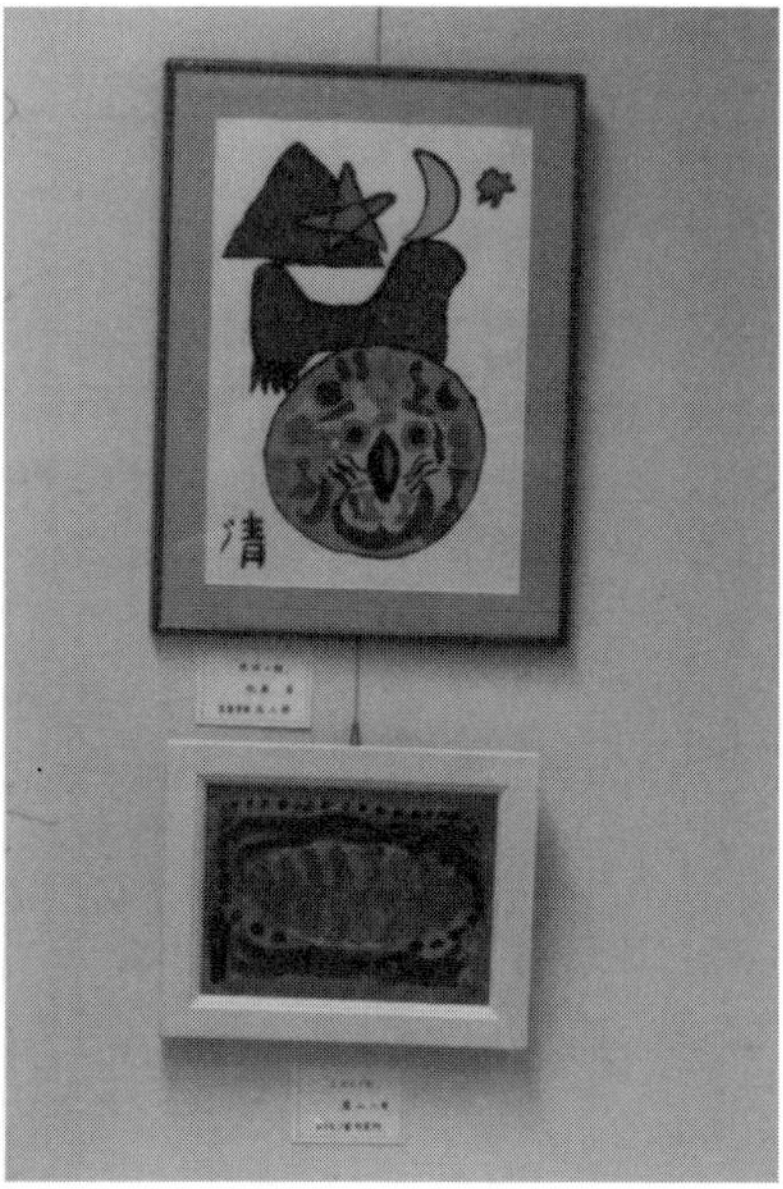

「人間とお地蔵さん・歌ごえ」

徳島県松茂町の知的障害者施設「春叢園」で暮らす篠原稔さん（五九歳）が描いた「人間とお地蔵さん・歌ごえ」（油彩画・九六×一二二ｃｍ）は、「第一九回福祉ＭＹ　ＨＥＡＲＴ美術展」（二〇〇六年一〇月四日～九日・青梅市立美術館）の出展作。

私はこの作品を見た時、どういう訳か「観自在菩薩（かんじざいぼさつ）、行深般若波羅蜜多時（ぎょうじんはんにゃはらみつたじ）、……」と、思わず『般若心経』の読経が聞こえ、唱和する心地がしてならなかった。絵に書きこまれた〝天狗の羽うちわ〟〝蛇にカマレル〟〝噂ドロボー〟〝ともだちとわかれ道〟……などのことばが、私の心を絵の中に引きこんでくれたからなのだろう。

音譜記号が一つ一つのことばや絵の表情、リズムを作り出し、実に多彩な心模様が見てとれた。人間とお地蔵さんの曼陀羅界を作者の心は巡礼していたようにも思われた。

「お前のような悪い子には、お釈迦さまの甘茶は飲まされない。家へ帰れ！　二度とお寺へは遊びに来るな。お前のような子にはお寺に用はないはずだ！」と幼少時、村のお寺の住職さんに叱られた事を、この絵は私に思い出させてくれた。思えば思うほど懐かしい。

私が小学二、三年生頃の事だった。この頃は、戦後復興期で日本中が貧しい時代であり、戦死者へは「お国のため」という村人の思いが深かった。それだけに、釈迦入滅日の三月一五日はお寺の本堂での団子撒き、四月八日は「天上天下唯我独尊」の誕生仏の頭に甘茶かけの花祭り、私の村では八月二三日（現在は一三日）がお盆の墓参り、三月と九月のお彼岸と、お寺詣での機会は多かった。

私はこの花祭りの二、三日前に、一学年下だったお寺の次男坊に、「お前は何で坊ちゃん刈りで頭の毛を伸ばしているんだ。俺みたいに坊主頭にしろ！　生意気だぞ」と言いがかりをつけ、学校帰りに彼の頭を二、三発ゴツンと叩いて泣かせてしまった。そこで住職さんが、花祭りの日にこの時とばかりに悪ガキだった私をしかりとばしたのだった。さすがに悪童だった私も、この日ばかりは「和尚さまは偉い人」に見えてシュンとなり、甘茶を口にする事なく家に帰った。そして、この事を祖母に告げると、「それはマサ、お前が悪いのだぞ。心の中でお釈迦さまに謝れ。そうすれば許してもらえるから。両手を合せてな」と諭された。

「照見五蘊皆空度一切苦厄（しょうけんごうんかいくうどいっさいくやく）」であった。「『照見』するというのは、はっきりと照らして見る、見きわめるということです。『五蘊』は、（略）つまり、色・受・想・行・識という五つの力、五蘊が人間精神の基本にあるのだということです。」（金岡秀友著『図解般若心経』一九八二年・講談社刊）と。

篠原さんのこの絵は、彼の心の豊かさ、深さを通して、私達の心を浄化し、地蔵界曼荼羅への巡礼を誘っているように、私には思われた。

「シロナガスクジラの親子」

七海進治（ななうみ　しんじ・知的障害・神奈川県・二〇〇八年歿）さんの「シロナガスクジラの親子」（水彩・九五×七三ｃｍ）は、「２００９アジア・パラアートＴＯＫＹＯ」（二〇〇九年九月一一日〜一六日そごう・西武／西武百貨店池袋本店・別館西武ギャラリー　主催・財団法人日本チャリティ協会）の〝パラアート賞〟受賞作品。

私はこの展覧会の実行委員会アドバイザー委員として、二〇〇九年六月二五日に行われた応募作品の選出作業に参加した。この日私は電車事故で遅れてしまったため、日本の作品選出には間に合わず、アジア地域一七カ国の選出のみの参加となってしまった。

選出作業は実行委員長高木金次さん（同協会理事長）のもとで事務局二名、実行委員会事務長保坂武雄さん、「日刊美術」編集長金子美樹さん、女子美術大学教授木下道子さん達に私が加わり、アジア地域の応募作品の中から五八点を入選の推薦作として選び出した。

「実は大変残念なことに、七海さんは昨年亡くなったんですよ。彼は協会の『障害者のためのカルチャースクール』（一九八六年開講）第一回生で、当初はこれほどまでに絵が上達するとは思っていませんでした。ところがカルチャースクールを続けていく中で、絵の才能が花開き今のような作品に到達したんです。この先、さらにどんな成長が見られるか、私は楽しみにしていましたが……それがこのような事になってとても残念です」

作品選出作業が終った直後、高木さんはこのような旨を話し、母親から預った遺作品だと言って、大作四、五点を紹介した。「シロナガスクジラの親子」はその中の一点だった。私はこの時初めて目にし、鯨が今にも画面から私に向って泳ぎ出してくるような迫力を覚え、「凄い」の一言に尽きる作品だと思った。

「そこのけ、そこのけクジラが通る」とばかりに、画面の左上端から右下端に向って突き出した母鯨の顔は、鯨大仏の温顔とでも言うような慈愛に満ちあふれていた。さらに小さな赤い目を見開き、寄り添う子鯨の泳ぎを見守っているのだ。しかもその親子鯨は、蛸や烏賊、かじき、海草など、海中で共に生きるもの達の平和や安全、安心を脅かしたり、乱したりはしていない。何という穏やかな優しさに満ちた世界だろうか。

それに比べ、私達人間の世界はどうだろうか。イラク、アフガニスタン、ソマリア、スーダンなどでの武力扮装やアルカイダのテロ事件など、目を覆う惨劇がくり返され、一日たりとも平和で平穏無事な日は訪れていない。

日本に目を移せば、利己や勝手主義が横行し、地域社会や家庭の安心安全が、殺傷事件、通り魔事件、自殺などの多発で、社会の根元から壊れつつある。社会病理という他ない。

この「シロナガスクジラの親子」という作品は、これら多くの事を私に考えさせてくれた。平和や安心、安全、平穏無事を祈る意味で、私には最高傑作の一つに思えた。

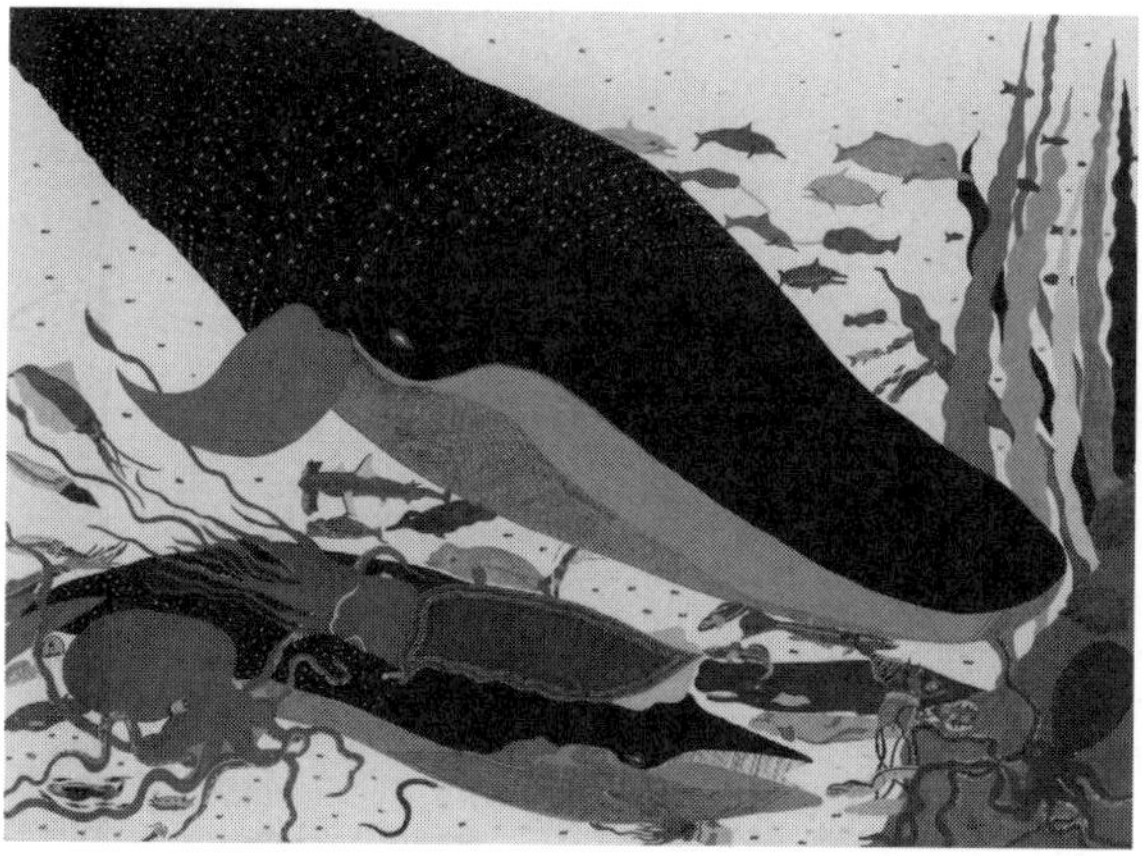

「Ｊａｐａｎ〝Ｏｌｄ Ｔｏｋｙｏ〟２００８」

カザフスタンのＡｂｚｈａｎｏｖａ Ａｎａｒａさん（聴覚障害）の「Ｊａｐａｎ〝Ｏｌｄ Ｔｏｋｙｏ〟２００８」（アクリル画　七二×六五ｃｍ）は、「２００９アジア・パラアートＴＯＫＹＯ」（二〇〇九年九月一一日〜一六日　そごう・西武／西武池袋本店・別館西武ギャラリー　主催・財団法人日本チャリティ協会）の〝パラアート賞〟受賞作。

この展覧会の開会式後（同月一一日）、展覧会場で友人の画家八木道夫さん夫妻が、私に「カザフスタンのアナラさんです。今回の来日では我が家にホームスティーしています。お国では大活躍されている方です」と、Ａｎａｒａさんを紹介してくれた。

彼女は私の娘と同年齢くらいの若くてチャーミングな女性だった。お互いの自己紹介が終った後、彼女の英語通訳兼手話通訳の八木夫人を介し、「私の絵を見てどう思いましたか」と聞き、彼女自身の画集をプレゼントしてくれた。画集「Ｔｅｒｒｉｔｏｒｙ ｃｏｌｏｒ Ａｎａｒａ Ａｂｚｈａｎｏｖａ」（Ａｌｍａｔｙ／Ｋａｚａｋｈｓｔａｎ ２００９）にボールペンで素早くサインし、私に差し出した。その好意の若々しさ、素直さが爽やかに感じられた。

その時、展覧会の実行委員で審査員を務めた女優真野響子さんがたまたま会場にいたので、まずは彼女に感想を言ってもらった。真野さんは絵に対する眼力と英会話が堪能なだけあって、展示作品と画集に目をやりながら、英語で「私は自然の風景画が好きだから、画集の〝Ｌａｎｄｓｃａｐｅ〟に収められた絵に魅力を感じますね」と、歯切れよく単刀直入に答えた。

真野さんは用事があってすぐその場を離れたため、私が話を引き継いで、「私も好き嫌いの感覚で絵を見ます。専門家にはもっと違った見方があると思いますけど。私は〝Ｃｉｔｙ, ｓ〟に収められている都市風景に、街の風や空気、時間や人々の流れが感じられていいなあと思います。絵の前に立って見る人それぞれの思いやイメージ、感性や感覚で見方が違うのは、それはそれでいいんじゃないでしょうか」と私なりの感想を述べた。

展示作品については、「私が大学生の頃の東京の街は、この絵のような感じでした。この絵からは、当時の街の雰囲気が伝わってきて、懐かしい思いがしました。こんな風景をよく見つけましたね」と言うと、Ａｎａｒａさんは「昨年日本に来た時にスケッチしました。今年も来ることができて、また沢山スケッチしましたよ」と可愛らしい笑顔で答えてくれた。

画集の作品展略歴によると、イタリア（二〇〇六年）、韓国（二〇〇七年）、ハンガリー（同年）、日本（二〇〇八年）など各国で開催された国際展に出展し、カザフスタンを代表するアーチストだとのこと。国際的な活躍とその将来が期待されている画家の前途が明るいことを、私は感じることができた。

「いづみ」

　川鍋いづみさん（知的障害・一一歳　青梅市立第四小学校つくし学級）のマジック・水彩画「いづみ」（四〇×五五ｃｍ）は、「第三回福祉ＭＹ　ＨＥＡＲＴ美術展」（一九八八年七月二日～一七日・青梅市立美術館）の出展作。

　この作品が出展された当時を振り返ると、この頃ようやく障害を持つ人達らしい自己表現の作品が、参加団体から出品されるようになったと感じられた。第一、二回展までは、この人達にとっての美術展がどういう意味合いをもつものなのか判然とせず、バザー用品的な作品が多く、物産展的な感じがしないでもなかったからだ。不馴れだった。

　そこで私は、何か一つの指針になればと思い、日本画家岩崎巴人さん（京都・西山禅林寺永観堂僧・千葉県館山市在住）を訪ね、作品についての鑑賞文を寄せてくれるようお願いした。巴人さんは温顔をほころばせ、「私の命が続く限り書きましょう」と言って、第三回展から今日まで鑑賞文を寄せてくれたのである。出展者にとっては大きな喜びであった。

「（略）絵は目で描くものではないのです。心がもし狂っていても、その狂っている根元にあるものが、直感として正常ならば、狂っていない目とされている人間の描いた常識的なつまらない絵より、すばらしい美が、そこには輝いているものです。（略）ゴッホさんとかピカソさんとかは、皆そういった直覚的な純一感を生き抜いた人びとです。人間は本来そういったものを持っていたはずです。（略）障害児の絵を見ていますと、まさに、この欠けた美そのものです。（略）コスモス　イズ　ワン、すべては一つであり、一つはすべてであります。（略）」（「第三回福祉ＭＹ　ＨＥＡＲＴ美術展」作品集　岩崎巴人『欠けたるものの美しさ』）

この巴人さんの鑑賞文によって、当時の私は作品一つ一つが〝コスモス　イズ　ワン〟の自己表現、心の目、心の線、心の色、そして心の詩（うた）なのだと思い知らされ、まさに目から鱗が落ちる思いであった。

大きな大きな顔の「いづみ」作品。私はこの作品を見た時、つくづく巴人さんの〝欠けたるものの美しさ〟が見えたような気がしてならなかった。いづみさんが「私はいづみなの」「いづみは私なの」と、〝コスモス　イズ　ワン〟を伸びやかに堂々と画面に詩いあげているその事に、私は圧倒されてしまった。

一一歳の少女が見つめる夢と希望に輝く未来、無限に拡がる可能性、その生命と心の力強さが、何とも言えない純真な表情となって迫ってくるのだ。大らかな心の絵であった。

先日突然、「肺炎を併発し、去る五月九日　九三歳で永眠いたしました」と巴人さんの訃報がご夫人たけ様から届いた。「巴人先生は百歳になっても元気だろう」と私は信じて疑わなかったので、「エッ」と絶句。「いづみ」作品と共に、巴人さんのご冥福をお祈りし、筆を置く。

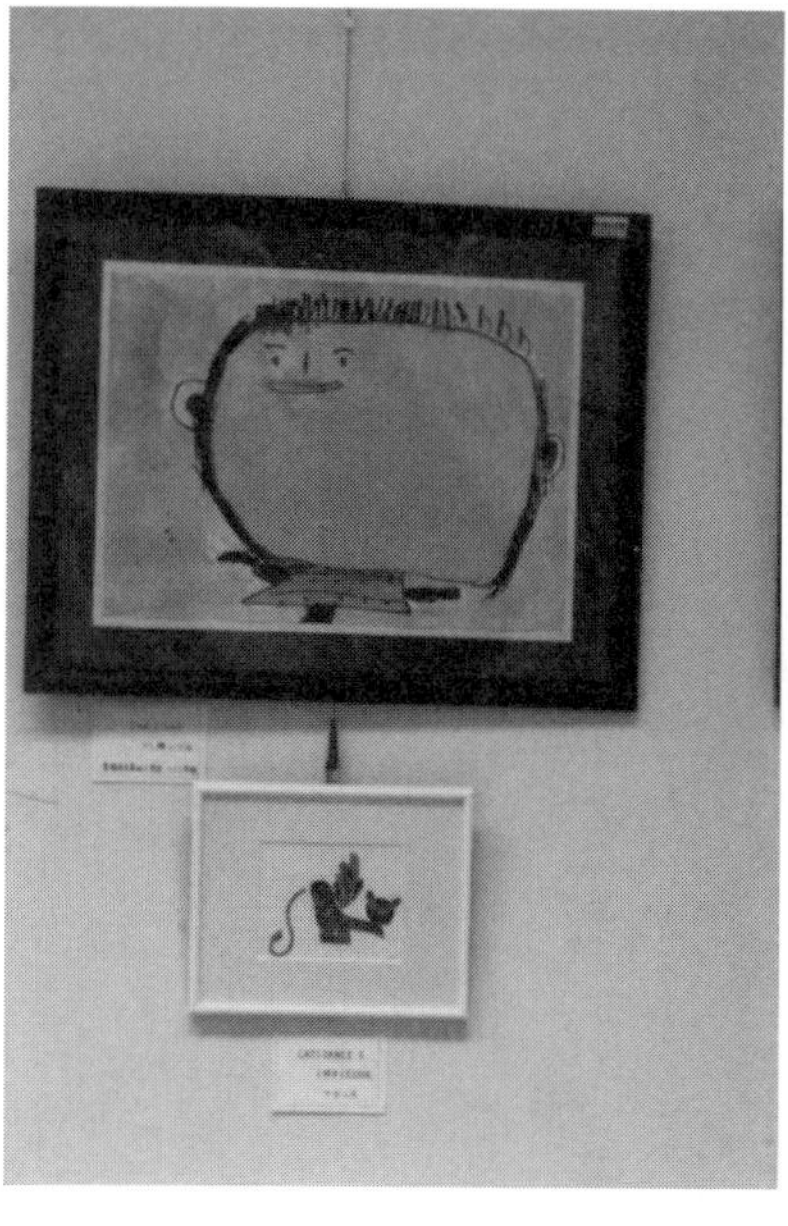

「Femme devant le soleil」

フランス・ノルマンディー地方の知的障害児学校「I・M・E L' ESPOIR」（ARGENTAN）のOlivia Hage Saleimanさんの「Femme devant le soleil」（Gouache　三二、五×二五cm）は、「第一六回福祉MY HEART美術展」（二〇〇三年九月二四日～二八日・青梅市立美術館）の出展作品である。

私はこの絵がフランスから届いた時、「シンプルな描き方なのに、何と奥深い意思が伝わってくる絵なんだろう」と思った。作者がどんな障害の状態にあり、どんな家庭や教育環境にあるのか全く分らなかったが、目にした瞬間、私の心はググッとこの絵の世界に引きこまれ、「何という摩訶不思議な絵なんだろう」と感動した。

「この絵の面白さ、単純な描き方の中に秘められた心の奥深さ、これはかって見たミロの絵と同じような世界だ」と感じ入ったのだ。私はミロやシャガール、クレーなどの絵が大好きなのである。そこには多分、私のような者にまでアバンチュールな心が伝わってくるような絵の面白さや、諷刺的な奥深さがあるからなのだろう。

ところでこの絵は、私に「女性は太陽である」とか、「太陽は女性のハートである」とかいうように感じさせてくれた。そして、「太陽はたった今、女性から私たちの住む世界に赤いエネルギーの球体として生まれ出てきたんだよ」と語りかけてくれているような気がした。

こんな私のような馬鹿げた感じ方は、非科学的な思考として、一笑に付されることだろうが、しかし、科学的、学問的な常識や既成概念にとらわれることなく、そこを心のままに自由に飛び越えて、そこに広がる自由世界を表現するのであってもよい。それが全てだとも思わないが、だからこそ、そこにも芸術という分野は拓かれているのだと、単純に考えたい。

日比野克彦さん（アーティスト・東京芸術大学教授）は、表現者としての思いについて

「表現することは自分をさらけだすこと。自分の気持ちをカタチにすること。自分の中のイメージを見えるものにして、人に伝えること。自分の中にある見えないものを、色メガネをはずして、まっすぐに見つめ、ストレートに引っぱりだしてくること。などなど、言葉にして自分に言い聞かせ、わからしめようとするが、そう簡単にはできるものではない。」（「風のうまれるところ」・映画『まひるのほし』完成記念出版の〝「不思議の国のアーティスト」日比野克彦〟小学館刊）と、分りやすく丁寧に語っていた。

Ｏｌｉｖｉａさんは、日比野さんと同じような心持ちを奥深くに抱きながら、その形を画面に表出させたのだろうと、私には思えた。

女性の本質が、哲学的に描かれた傑作だと言ってよいだろう。

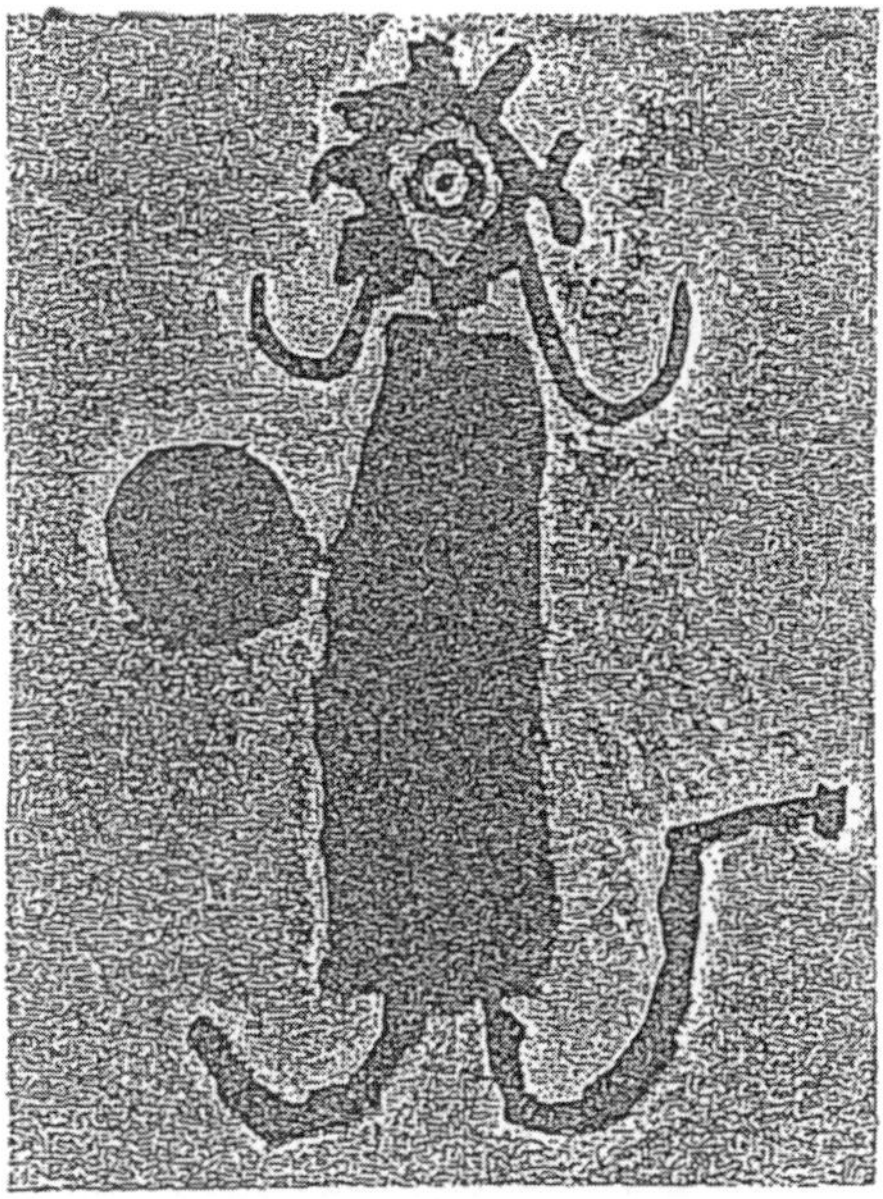

句。

その前の一月一九日、拙著「娘に乾杯」の贈呈お礼として「酒中天地　御本感動仕り御礼まで　純一　無雑御一と存じました」と、手描きの徳利と盃の墨絵ハガキをいただいたことや、豊島宗夫著「画僧岩崎巴人」（秀作社出版刊）を二〇〇八年暮れに巴人さんが、「（略）愚僧も九十一になりました　別にからだの悪いところもなく　これから菜葉でも食べ　食事酒などで天寿をまっとうします　よろしく　巴人拝」と一筆箋を添えて贈ってくれたことなどで、「こんなにお元気なら、巴人先生はきっと百歳を悠々と越えられ、さらなる境地の深みを歩まれるだろう」と、私は疑いもなく信じていたからだ。

「指月河童」（水墨画・六二×五一ｃｍ）は、「迎残奥―二〇〇八年中国、日本、フランス知的障害者芸術作品展」（二〇〇八年六月二二日～二九日・中国上海市）の出展作。他に「水急不流月」（同）という河童絵も出展。この二点は、作品展と中国・日本・フランス

「指月河童」

心身障害児者の美術展「福祉ＭＹ　ＨＥＡＲＴ美術展」（一九八六年から毎年青梅市立美術館市民ギャラリーで開催。途中で三回休会し、二〇〇七年はフランス、二〇〇八年は中国で開催）の第二二回展を、今年一二月一五日～二四日（青梅市立美術館にて）開催することを現在計画中だが、今年も日本画家岩崎巴人さんに鑑賞文をお願いしようと（第三回から一九回展まで寄稿していただいた）、私は心ひそかに思い、その鑑賞評を楽しみにしていた。

ところがその矢先、「夫　岩崎彌壽彦（巴人）儀先月より体調不良にて入院療養中でございましたが肺炎を併発し　去る五月九日九十三歳で永眠いたしました（略）」という手紙が、五月二一日、奥様から届いた。あまりにも突然だったので、私は「エッ」と絶

スの知的障害者作品交流が成功するようにと、特別出展してくれたのだった。

「この絵の書は、実に見事な自然体の書です。境地の深い書、書こうとして書けるものではありません。心から流れ出た筆ですね」と、中国の書家沈杰さん（四七歳）は私の耳元で呟いた。「巴人先生は九〇歳を越えられた禅僧画家です。中国やインドの仏教寺院の壁画も描いた高名な方ですから」と説明すると、「うーん」と得心顔で何度も頷いていた。

「この奇妙な生きものは、つねに生きぎもを抜きとる底（てい）のものだ。水と陸とを自由自在にかけめぐり、〝夢は枯野を〟以外にいたるところに出没する。河童で充満しているのが全宇宙だともいえる。」（岩崎巴人著「蛸壷談義」（昭和五三年・神無書房刊の『河童論』より）と、その昔、小川芋銭や芥川龍之介の「河童」にふれながら、巴人さんは自身の論考と探究心を述べていた。

今にして思うのだが、私にとって巴人さんは、私が知的障害者の美術展活動開始とともに現われ、いつも「どこへなりと出没する河童自在心こそ今日の現実にかなっていはしないか」（同書）と、教え導く河童大明神ともいうべき巨匠であり大先生だった。合掌。

「梅」

中国・上海市の知的障害児学校「卢湾区辅读学校」の朱玟さん（一六歳）の「梅」（吹画・二一×三〇cm）は、「迎残奥―二〇〇八年中国、日本、法国智障人士艺术作品展」（二〇〇八年六月二二日～二九日・中国上海市阳光艺术中心）の出展作。

六月二二日に行われた展覧会の開会式後、この「梅」を見て私は、「小品ながらも何と力強く、大きく見える絵だろう」と思った。かって私は、「特別展日本の水墨画」展（一九八七年一〇月一三日～一一月二三日・東京国立博物館）で狩野永徳（一五四三年～一五九〇年）が二四歳で描いたと言われている「花鳥図襖」の梅の大木画を見て、「うぁ、何と豪快な梅の木の絵だろう」と驚いたことがあった。

その驚きと感動に似た感覚を、朱玟さんの「梅」は私に与えた。画面に漲る幹の片の力強さ、花と蕾を付けた小枝の繊細さ、画面全体のバランスとデフォルメの巧みな筆遣いは見事である。また、黄色の紙に描いた事で、絵がより一層浮き立ち、筆の気息までもが伝わってくる効果をもたらしている。

私が初めて妻と娘の三人で中国を訪ねたのは、一九八三年の夏だった。その目的は、妻が生まれた上海市の西体育会路（しーてんふぁいろ）、私の父が日中戦争の食糧輸送隊で行軍した武漢、湖南省長沙市の「長沙馬王堆漢墓」発掘遺跡などの確認と見学であった。

当時の中国は「改革、解放」前の「人民公社」の時代で、市街や人々の表情がとても暗い感じだった。しかし、子供達の目はキラキラ輝き、その顔からは笑みがこぼれ、日本の子供達よりも生き生きしたものが感じられ、「この子供達の未来は、きっと明るくなっていくだろう」という予感はあった。

父は私が小学生の頃、「マサ、中国人は心が太く、覚悟のよい人達だぞ。義理を重んじて、年寄りを大事にする人達だ。日本人はそのことをよく知らずに〝チャンコロ〟と言う人もいるが、それは大間違いだ。あの国は日本の十倍も二十倍も広い国だ。俺は戦争に行って見てきたから分る。俺の言うことをよーく頭に入れておけ。いつか中国は世界一の国になると俺は思っている。マサ達は、中国と仲良くしていくようにならないと駄目だぞ。戦争なんて、何があってもしてはならないということだけは、お前に言っておくぞ」と、時には涙を流しながら、よく言っていた。

二〇〇四年の夏、私達家族三人は、二一年振りに上海を訪ねた。この時は、「上海師範大学」副教授程郁先生の招きで、「上海市残疾人联合会宣文处」所長石岳先生と中国、日本、フランス三カ国の知的障害者国際交流作品展を上海市で開催する打ち合わせ用件だった。

その時の上海市は、父が言ったような経済力で、ものの見事に国際都市に復興していた。私は父の思いを目の当たりにして嬉しかった。

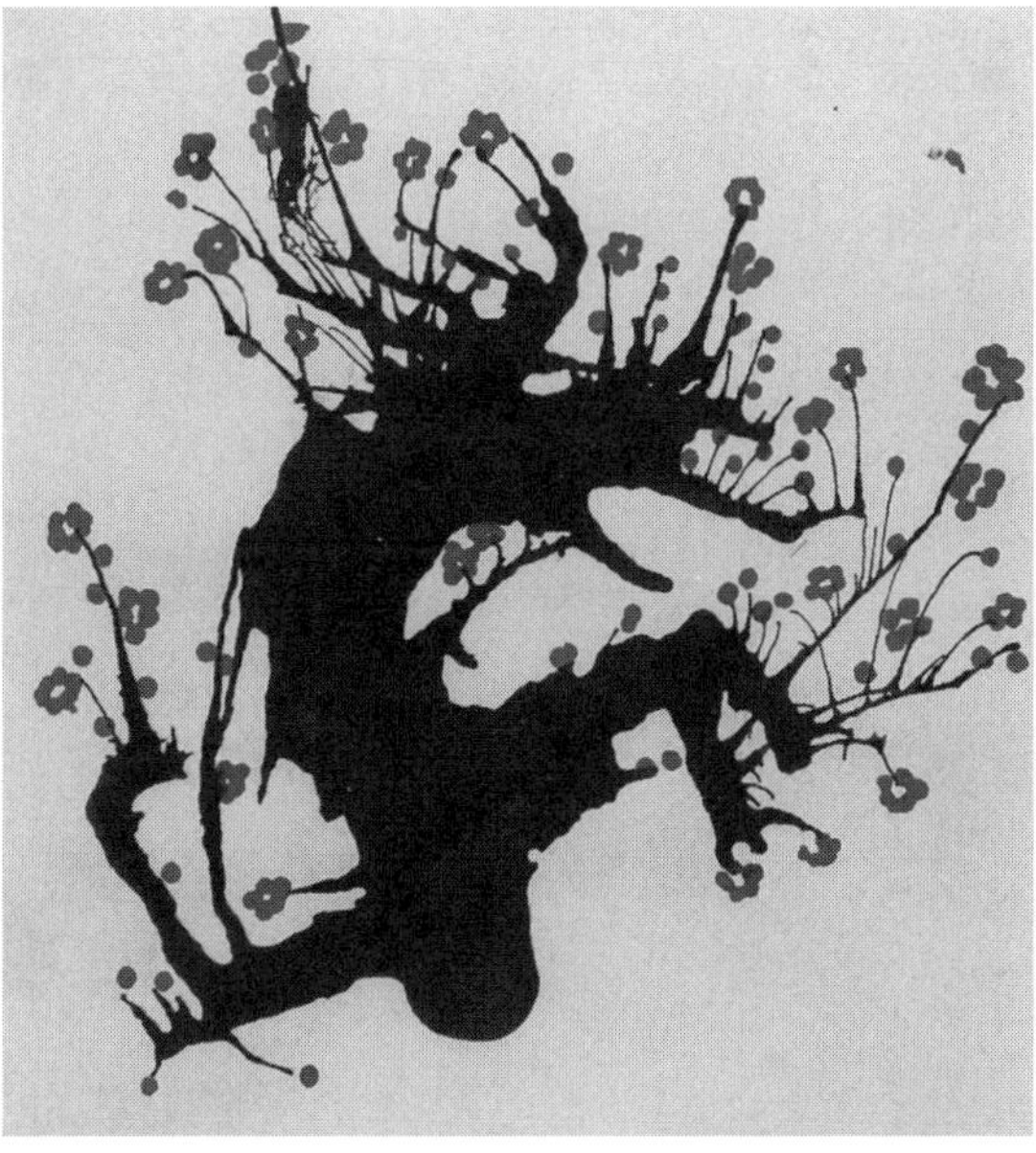

この「梅」の絵は、上海の力強さと夢を、私と亡き父に語りかけているように思われた。

「埴輪の女性」

知的障害者施設「友愛学園」（東京都青梅市）で暮らす椿三千夫さん（ダウン症・一九五〇年生まれ）のアクリル水彩画「埴輪の女性」（一八二×九一ｃｍ）は、東京電力八王子工務所ギャラリー（同八王子市）開設展（一九八八年一二月一日〜二八日）の出展作。

この作品展は、東京電力が一九八七年四月、東京都心の銀座に「ギャラリー　＋　－　館」（プラス　マイナス　館）をオープンし、そこで開かれた彫刻・造形作家友永詔三さんの「友永詔三展」オープニングパーティーで、彼が紹介してくれた東電広告社企画制作部Mさんとの出会いで実現したものだった。

そのパーティーで私はいきなりMさんに、「東電のような企業こそ、心身障害者の優れた作品を積極的に世の中に紹介して欲しいと思いますね」といった主旨の話をした。私の話があまりにも唐突すぎたためか、Mさんは困惑気味だった。私の一方的な田舎者話で、その場はそれきりで終わってしまった。

ところが翌年の八七年一一月一〇日夜一〇時頃、「Mです。東電八王子工務所がギャラリーを一二月にオープンします。昨年、熊木さんが話してくれた内容を検討中です」という突然の電話に、私はびっくりした。「福祉MY HEART美術展の作品集と活動資料を大至急送ってくれませんか」とのことだったので、翌日、さっそく作品集と資料を速達でMさんに送った。

その結果、このギャラリーで一カ月間ごとの会期で心身障害児者の作品展示が行われることになり、その皮切りに「友愛学園」の作品が展示されることになったのである。

「おいツバキ、今度な、八王子のトウデンという所のギャラリーで絵を飾ることになった。キヨシ、ナオ、ミハラの絵を飾るんだけど、お前はデッカイ絵がないけど、どうする。デッカイ絵じゃないと駄目なんだって」と、私はわざと椿さんがライバル視している人達の名前をあげて、彼に問いかけてみた。

「おお、そうかよ。クマゴロウ、お前よーくやったな。よかったね。オレな、デッケィ方が本当はな、ウメィんだぞ。クマゴロウは何も分っちゃいねぃんだから。うははは……」と、椿さんは上機嫌で答えてくれた。

椿さんは頑固で気難しいところがあり、タイミングがはずれると、「ウルセィな、オレ、絵なんかかかねぃから！　アッチへ行ってろ、クマゴロウのばか！　オメィなんか死んじまい！」と、怒られたり叱られたりだったから、私は「しめた！」と思った。

椿さんはいつもB4やA3判ほどの画用紙に、カラーマジックペンで蝶、魚、鳥、花などを描くことが得意で、筆と絵の具を使うことはなかった。それだけに、この「埴輪の女性」は、椿さんにとってその大きさとともに、アクリル水彩画として貴重な作品だった。これほどの大作を描いたのは、後にも先にもこの作品展の時だけだった。

「天に遊ぶ」

こんな話をこの場でしていいものやらと、ちょっと躊躇（ためら）いつつも、私のような者のお茶飲み話として、寛大な心の持ち主である友永詔三（ともながあきみつ）さんならば、きっと許していただけるのではないかと思う。

既に遠い昔のことになるが、友永さんのアトリエ（あきる野市）を訪ねた折のことだった。「ぼくはラッキーだったよ。あるオーデションを受けに行った時、デッサン画がまとめきれなかったんだ。もう時間切れでなるようになれと思っていた。ところがトイレで小便をしていたら、突然、アイデアが閃いて、それを素早く走り描きして提出したんだ。そうしたら〝面白い〟の一言で合格。自分ではまさかと信じられなかったよ」と、冗談まじりの笑い顔で話してくれたことがあった。

この話は、オーストラリア人形劇団「Peter Scriven, s Tintookies」のオーデションで提出した人形デザイン画のことだった。そして、人形劇の演出家ピーター・スクリベン（一九三〇～八八年）の薦めでオーストラリアに留学（一九六八～七〇年）。そこでスクリベンとポーランド出身のマリオネット美術家イゴール・ヒチカに師事し、人形劇の演出、舞台美術、人形制作を本格的に学んだという。

今日の人形彫刻、あかりや和紙と木のオブジェ、木版画などの彫刻・造形作家友永詔三の芸術基盤は、この青年期に形成された。

それにしても、彼は何故、木の素材にこだわるのだろうか。そのことについては、「ぼくは子どもの頃、お祖父さんに連れられて、よく山へ遊びに行った。山には間伐材が沢山あって、トンボや蝶、小鳥などの形をナイフで彫ったりするのが大好きだった」と話してくれた。また、「私は作品の材料には木を多く使っているが、これは木が人間と同じように呼吸しながら枯れていくものであることや、そしてやがては自然の土に戻っていくものであることに何か親しみを感じているからだ。というのも、私が生まれ育った時期につねに身近に接していた木というものの存在が、大きく作用しているように思われる。」（友永詔三著「友永詔三人形作品集」一九八〇年・文化出版局刊）と語っていた。私はこの二つの話の中に、彼の芸術家としての本質的な人間性、哲学が秘められていると思った。

木彫作品「天に遊ぶ」（檜・五四×一四×一八cm・二〇〇七年作）は、「友永詔三展」（「画廊岳・ギャラリーコロン」国立市・二〇一〇年三月一一日～二〇日）、「造形作家友永詔三の世界　木彫の乙女たち」（「ニューオータニ美術館」千代田区・同年七月二四日～一〇月一一日）の出展作。

私は二作品展とも見学し、この作品の天空に舞う少女像の流れる曲線美、さらに手のひらと指、足裏の繊細な伸びやかさ、木目の生命感の美しさに、うっとりと見入るばかりの、まさに天に遊ぶ美の極致を楽しませてもらった。

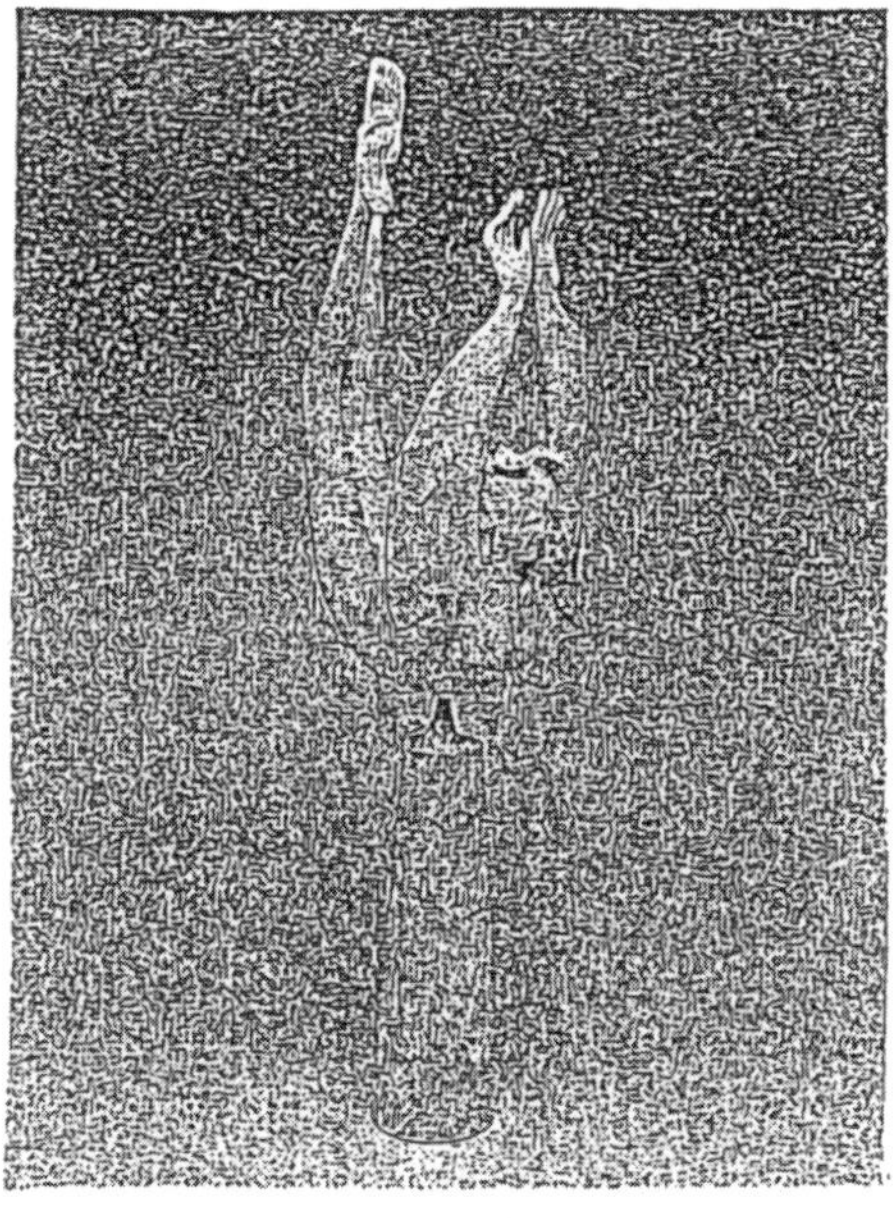

「伝承（ざくろ）」

洋画家八木道夫さん（一九四七年静岡県焼津市生まれ。東京都町田市在住）と初めて出会ったのは、一九八七年一一月七日、銀座ヤマト画廊（同中央区）で「八木道夫展」（同年一一月四日～九日）を見学した折だった。

私はこの日、東京都社会福祉協議会の月刊公報誌「福祉公報」編集モニター委員会議があり、会議後の午後、八木道夫展を見学したと日記に記してあった。

私はこの時、銀座をぶらついていてこの個展が目に入り、フラッと立ち寄ったのである。画廊に一歩踏み込んだ瞬間、「内なる自我　その2」（F一三〇号）という大作の絵が眼前にあり、私に「波の音が聞こえるでしょう」と語りかけたかと思うと、「聞えなくなりましたね」と静まりかえった。絵の中のピエロと牛の頭蓋骨が机の上で、画中に描かれた波写真四枚の波音を聴いているかのような絵だった。私は「あれっ」と思った、不思議な感覚であった。

八木さんは生まれつきの聴覚障害で、外界の音は全く聞こえないため、普通の人のような話し声で話すことはできなかった。話も手話も聞きとれない私との会話は、もっぱらメモ帳での筆談であったが、八木さんの心の温かさ、情熱が理解できて楽しく時を過せた。

その後、いつだったか八木さんのアトリエを訪ねた折、こんな話をしてくれた。

「ぼくは近頃、クラシックを聴くんだよ。レコードから流れる交響曲がアンプに振動するでしょう。それを手の平に受けて聴くんだ。時には指揮者のように汗びっしょりになることもある。妻はぼくの姿を見て笑うけどね」

私はこの話を聞き、「八木さんならではの音の世界なのだ。そういう音だって音なんだ」と思い、あらためて「内なる自我　その2」を見た時の、あの不思議な感覚が少し分ったような気がした。作家が作家自身を語る意味で、私にとっては貴重な話だった。

　門外漢の私がこんなことを言ってもはじまらないのだが、八木さんの絵は、いつ見ても、何度見ても、そのデッサン力の確かさやフォルムの手堅さに魅せられてしまう。この辺の力は、「日本肖像美術学院」で肖像画を学び、その後も肖像画家の元で修行して身につけたものなのだろう。

　「伝承（ざくろ）」（油彩画・三三×二四ｃｍ）は、「ＭＹ　ＨＥＡＲＴ日仏二〇＆一〇記念国際交流展」（二〇〇七年一一月一五日～三〇日・フランス　トゥール市）、「迎残奥―二〇〇八　中国、日本、法国智障人士艺术作品展」（二〇〇八年六月二二日～二九日・中国上海市阳光艺术中心）の賛助出展作。

　はり裂けた深紅の柘榴とこぼれ出た種、裂けていない実柘榴。この対照的なエネルギーの表出は、作者の情念なのだろうか。また、そこに聳え立つ絵付け花瓶の沈着な姿は、何ものにも臆しない毅然とした意志を誇っているかのようだ。姿、形の凛としたところに作者の心意気が感じられる。そして、その思いは、社（やしろ）の彼方〝倭（やまと）は国のまほろば〟へと連なっている。かすかに伝承の響きが聞こえてくる。

作品名	伝承(ざくろ)	作者名	八木道夫
ジャンル	洋画家	寸法(cm)	33×24

一語一絵

「『春のいけばな』展に出品」

東京都と財団法人日本チャリティ協会（東京都新宿区）が1986年に、「障害者のためのカルチャースクール」を開設。心身障害児者が文化的に豊かな生活が送れるようにと願い、「漫画・イラスト」「童画・絵本・イラスト」「書道」「一般絵画」「造形」「日本舞踊」と6コースの教室を「こどもの城」（同渋谷区）に設け、彼らの埋もれた才能や個性を引き出し、育成しようと毎週日曜日に活動。その成果を毎年春に発表していた。

そこで、91年は3月29日から4月3日まで京王百貨店新宿店で「障害者のためのカルチャースクール 第5回生徒作品展」＝東京都、日本チャリティ協会主催＝が開かれたのだった。その特別企画〝障害者の心にいける「春のいけばな」〟展に、同協会から花器の特別招待出品の依頼を受け、「友愛学園」成人部（東京都）、「府中生活実習所」（同）、「千葉盲学校」（千葉県）、「素心学園」（神奈川県）が出品参加した。

〝障害者が丹精込めてつくりあげた「花器」に日本伝統文化「いけばな」が命をそそぐ〟（同展パンフレットより）をテーマとして、8流派の先生方（池坊の杉浦友漱、小原流工藤和彦、草月流石川龍、古流松藤会池田昌弘、古流松應会千羽理芳、広山流岡田広山、龍生派吉村隆、大和花道の下田尚利の各氏）が、障害者の招待出品花器に春の花草木をいけた。

当時、同協会専務理事だった高木金次さん（現在は理事長）から花器出品の依頼を受けた時、私が勤めていた「友愛学園」成人部の入所者で、直径30cm、高さ40cm前後の手びねり花器を作れる人は、吉田尚古＝当時（45）、椿三千夫＝同（41）、佐藤清＝同（56）さんたち3人だけだった。

そこでこの作品について、最初、吉田さんに話すと「オレな、この前〝リカ先生〟で優勝したからだべぇ」

と言った。次に椿さん、佐藤さんに話すと、「ナオが出すのかよぉ。俺も出すからキヨシ！　お前も頑張れよ」と椿さんが応じ、清さんもこっくんとうなずいた。「これはシガラキ（信楽）、こっちはヘイセイ（平成）だ」と吉田さんは名前を付けて2点、椿さんは1点、佐藤さんは2点の計5点を出品。それぞれが個性的な風格の手作り花器だった。

　私は3月31日に見学。会期中の入場者は8千人の賑わいだったという。各流派の華道家の先生方が、巧みに花をいけ込み、春を演出していた。その枝を野山の大地のごとく障害児者の花器は、どっしりと受けとめていた。これはすごいことだと私は作品の前でくぎ付けになっていた。

「自信に満ちた国フランス」

1982年11月の東京都海外派遣研修のヨーロッパ視察では、フランス・パリにも立ち寄った。パリから地下鉄で30分ぐらい離れたクレテイユ市の住宅団地にある心身障害児学校「ラ・ニシェ」を訪問した。

駅前の広場に一台のスクールバスが待っていた。一人の気さくな運転手が、私たち一人一人に「ボンジュール」と出迎えてくれた。バスは約10分で学校に着いた。周囲の5階建て住宅に溶け込んだ学校は2階建てで、日本の学校のような雰囲気ではなかった。

「皆さん、遠い日本からようこそお訪ねくださいました。私が校長のアルーです」と、バスを運転していた男性が、突然、笑顔であいさつを始めた。続けて、学校の内容説明をしてくれた。校長自らバスを運転して出迎えてくれたことに、私たちは「エッ」と驚き、恐縮した。

「何も驚くことではありませんよ。この国の校長は雑用係もしますから」と答えてくれた。校長いわく、現場の教師たちは精神科医、精神分析科医、言語療法士、理学療法士、機能訓練士、障害児教育専門教員と、それぞれがスペシャリスト。専門的に働き、とても忙しいので校長が雑用を引き受けているのだという。肩書を重視する日本とはだいぶ違うことに、私はフランスらしいと感服させられた。

校長の話を聞きながら、フランスは「自由、平等、博愛の国」「芸術と文化の国」「ファッションの国」という誇りを持っていると感じた。そして、その誇りをベースに、国民一人一人が個人主義や自由主義を強く意識している国なんだと思った。同時に良くも悪くも、グローバルな視点でしっかり学ぶべき点がたくさんありそうだと思われた。

私たちが視察した82年当時の同国は、老人福祉施策に重点が置かれ、心身障害者の方はスウェーデンなどの北欧やイギリスに比べ、一歩遅れている感じだった。

そのことについて質問すると、アルー校長は「障害者よりも老人の選挙権の方が圧倒的に多いから、老人福祉が先行するのは仕方がありません」ときっぱり答えた。しかし、続けて「『国際障害者年』を迎え、これからは障害者福祉に重点が移っていくと思います。10年後、再び訪ねてみてください」と自信ありげな表情を浮かべたのが、とても印象的だった。

その4年後、私はフランス中部の地方都市に住む友人画家を訪ねる機会があった。その市の近郊には、心身障害者のための学校や福祉施設が新設されていた。アルー校長が自信を示していたように、同国の障害者福祉政策が少しずつ変わっていることを実感した。

「『OPEN MIND ART 1』展」

「国際障害者年」の最終年は1992年だった。当時、厚生省（現厚生労働省）の関係団体で組織された『国連・障害者の十年』最終年記念国民会議」は、同年11月25日～12月20日の期間、東京都庁舎ホールや日比谷公会堂など東京都内の数カ所で、最終年記念行事として「国民会議・芸術祭」を開催した。

私の友人で書家の岡本光平さんは、その知的障害者美術部門を担当し、作品展「OPEN MIND ART 1」の運営委員としてプロデューサー兼アートディレクターを務めた。10月17日、彼は、かとうゆめこさん（アーチスト）、水口秀樹さん（同・元養護学校美術教諭）、草間道則さん（写真家）ほかスタッフ数人を連れて、私を訪ねて来た。

その日、私は夜勤明けで疲れ気味だった。しかし岡本さんの「作品は『福祉MY HEART美術展』の人たちのものにしたい」という熱心な話を聞き、気を入れ直して相談に応じた。早速、頭がボーとしたまま知的障害児者施設「友愛学園」（東京都青梅市）と「青梅学園」（同）を案内し、作品を見てもらった。もう一カ所、通所施設「日の出ユートピアサンホーム」（同日の出町）も案内したかったが、時間の都合で後日にしてもらった。岡本さんたちスタッフは、3施設の中から次の人たちの絵画や陶芸作品を選び出した。

関根正明さん（青梅学園）、五十嵐勝美さん、生田節子さん、位島ヨネ子さん、加藤昭彦さん、木股稔さん、小峰正平さん、萩原弘さん、吉成一美さん（以上、日の出ユートピアサンホーム）、椿三千夫さん、吉田尚古さん（以上、友愛学園）。

この他、岡本さん関係の方からは、上原貴仁さん、葛山昌廣さん、川原麗子さんたちの絵画作品と織物作家城英二さん主宰の手織適塾「SAORI」（大阪市北区）の障害者の手織り作品が選ばれていた。

「OPEN MIND ART 1」展は同年12月4〜9日、朝日新聞東京本社新館「浜離宮朝日小ホール」(東京都中央区)で開催。油絵、ペン画、ポスターカラー画、陶板絵などの絵画作品、陶人形や花びんなどの陶芸作品、「さをり」の手織り反物作品が、120点余り集められて展示された。

作品展を見学した大学生は、「海が赤かった。ものすごい色のとりあわせがあった。風に勢いがあった。水しぶきが生きていた」と驚き、「生きている人間のかいた絵だった」と感激していた。こんなふうに、見る人の魂を呼び覚ますに十分な作品公開の場となっていた。

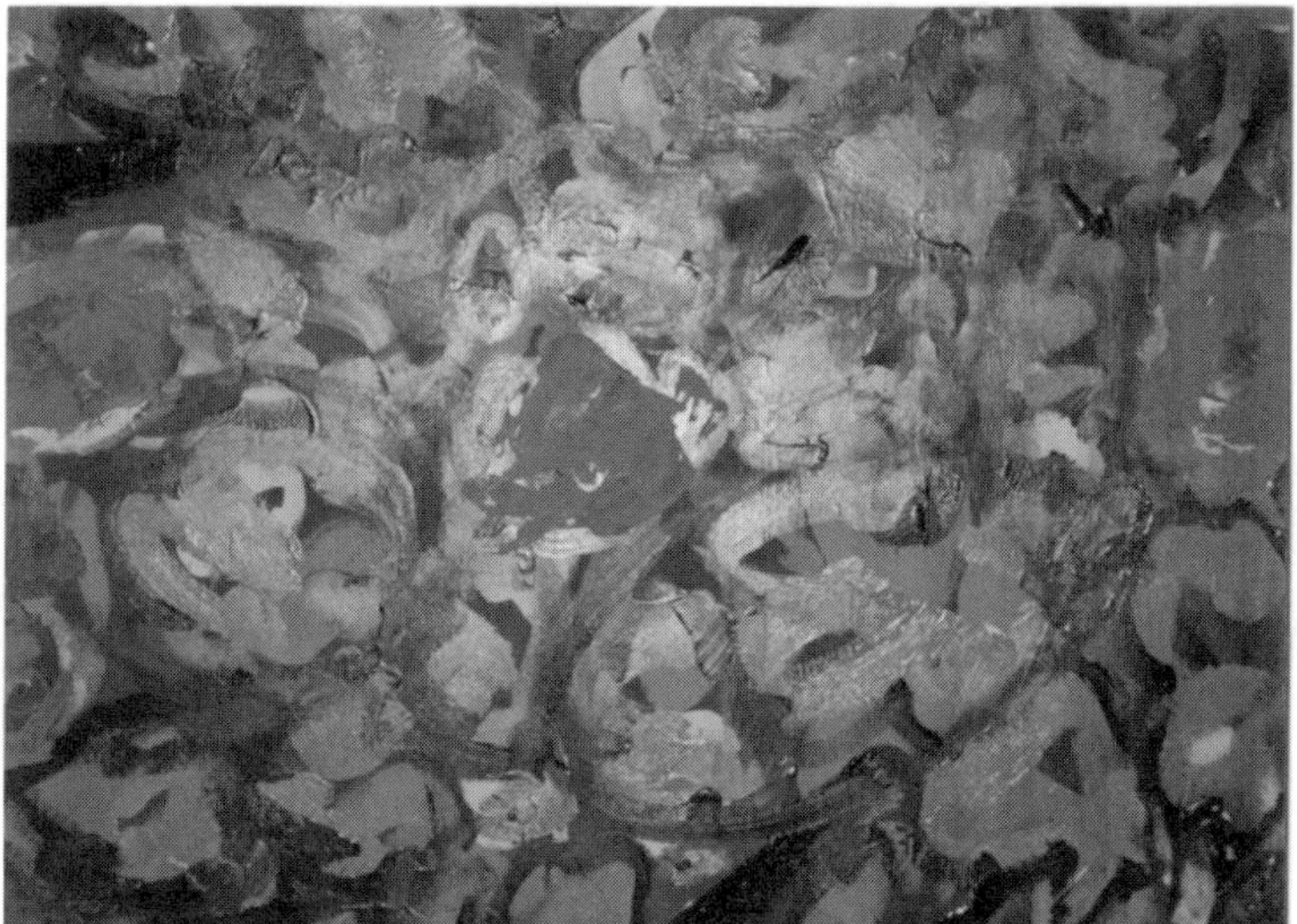

「アート活動のシンポジウム」

朝日新聞東京本社の新館「浜離宮朝日小ホール」（東京都中央区）で、知的障害者のアート活動についての公開シンポジウムが開催されたのは、1992年12月6日だった。テーマは「彼等の芸術は宇宙に直結している」と、いかにも知的障害の人たちの芸術的な天性を暗示しているかのようなテーマだった。

このシンポジウムは、〝「国連・障害者の十年」最終年記念国民会議組織委員会〟が主催した「国民会議芸術祭」の一環として開催された知的障害者の作品展「OPEN MIND ART 1」にちなんだ内容で行われた。

シンポジウムはこの作品展のプロデューサー兼アートディレクターを務めた司会の書家岡本光平さん、プロ作家の小林健二さん、かとうゆめこさん、水口秀樹さん（元養護学校美術教諭）、プロカメラマン草間道則さん、アートカウンセラーサイモン順子さん、障害者アーティストの母親上原弥生さん、知的障害者生活指導員の私の8人。会場は満席で立ち見を含めて300人ほどであった。

岡本さんの手慣れた司会進行で、各人各様の立場、体験談を語り、問題点や課題を提起した。中でも小林さんが学習障害児のようだった自分自身の経験を語り、そのことが引き金となってプロ作家に転じ、生きる道につながったという話は、集まった人たちに大きなショックを与えた。上原さんは重度自閉症のわが子が、水口さんや岡本さんから自己表現の楽しさを教わり、絵や書を描くことで精神的に安定し、生活のリズムが和やかになったと語り、同じ子を持つ親にはヒントになったのではと思った。

私は知的障害者入所施設の入所者に対する「表現の自由」が、職員の無自覚さ、横暴さ、閉鎖性によって抑え付けられ、奪われているのではないかと、思わず告白的に発言した。

フロアからは、「SAORI HIROBA」（大阪市北区）主宰者の城みさをさん、代表英二さん親子が、「会場の〝さをり織〟を見てください。この世に二つと無い芸術品です。この色彩感覚を織れるのが障害者アーティストと呼ばれる人たちなのです」と力強く発言。さらに「この人たちの感性は、宇宙へとつながっています」と強調。万雷の拍手を浴びた。

後日、岡本さんに大学生から「こんなすばらしい感性をもつ人たちが、あの人たちなんだ。闇に葬られる絵のいかに多いかを聞かされてショックだった」という手紙が届いたそうだ。さまざまな思いや問いを投げかけたシンポジウムだった。

「いま命があるのは」

父が亡くなる（1986年）前の元気だった頃だから、かれこれ30数年前になる。父が会いたい戦友がいるからと、珍しく私に頼むので、真夏の早朝、父を車に乗せて燕市（新潟県）へ向かった。訪ねた先は同市の彫金作家斎子邦平さんのところだった。

斎子さんは父に会うと「隊長！　お久しぶりでした」と切り出した。父と対面する数年前に脳卒中で倒れ、半身麻痺状態だったことから、「私はこんな身体になりましたが、隊長は背筋がピーンと張って昔と変わりませんね」と話し始めた。

父は「お互い、すっかり年をとりましたね。佐渡の戦友から、斎子さんが元気だと聞いて、会いたいと思って来ました」と応じた。

斎子さんは、半身麻痺だったため、夏でも「身体半分が冷えて」と言って、火鉢にやかんの湯をたぎらせていた。

二人は終始、第2次大戦で中国に出征した時の思い出を語り合っていた。斎子さんは、いま自分の命があるのは父の部下だったからと強調していた。「隊長は部下を家族の元へ無事帰すのだと必死に守ってくれました」と戦時中を振り返った。

父はというと、「私も家族を残してたから……。みんなと一緒に帰らなければの一心でした」としみじみ語っていた。続けて、もし戦闘部隊だったら帰還は駄目だったが、食糧輸送隊だったため何人かは死なせてしまったが、何とか助かったのだとも言っていた。

父の中国人に対する姿勢にも、斎子さんは感心していたようだった。「隊長は中国人に対しても『撃つな！　あの者だって家族がいるんだぞ』『逃げる者を追うな！』と命令していましたよ」と熱っぽく話した。

二人の話は、私にはよくわからない情景だった。だが、若かりし日の追憶がまるで昨日の出来事のようにはずんでいた。これが命を共にした戦友同士のほろ苦い思い出話かと思った。

斎子さんは倒れてから彫金ができなくなり、お寺に納める掛け軸の絵を何本も描いていたとも父に報告した。そして、帰り際には、自分で作った銀盃を取り出し「この盃は、元気な時に打ち出しで作ったものです。隊長に会える日がきたら記念にと思っていました」と、大事そうに父に手渡した。

その時、私は斎子さんがどんな人物か分からなかったのだが、後日父から「斎子さんは県内で指折りの彫金作家で、燕の洋食器振興に貢献した人なんだ」と聞かされ、びっくり仰天だった。

父と斎子さんが会った翌年、南魚沼市の民宿で戦友会が開かれた。斎子さんは息子さんの介護で出席し、何十年ぶりかに戦友と再会した。父は戦友たちと一緒に、私が前年に中国で買ってきた茅台酒（マオタイチュー）で乾杯したと、嬉しそうに話してくれたのだった。

「クリスマスの再会」

私は「新潟県立加茂農林高等学校を卒業しなかった」という夢を、何回見続けただろうか。卒業後、四半世紀近くたってクラス担任に再会するまで、頻繁にそんな夢を見た。というのも、大学受験で卒業式に出られなかったにもかかわらず、受験校を全部落ちたからだった。

浪人が決まって、「先生、全部落ちました。東京の予備校に入って、来年もう一度受験することにします」と、担任の高鍋昭夫先生に報告に行った。

すると先生は「そうか、それがいい。頑張れば必ず合格するから心配するな。どうだ、勉強しないと、と言ったことが分かっただろう。それでいいよ」と励ましてくれた。

翌年、何とか大学に滑りこんだが、遊び呆けて、先生や同級生とは音信不通の不義理となった。

高鍋先生と再会したのは、1988年12月25日。卒業以来、26年ぶりだった。東京の新宿駅西口改札の雑踏を出てきた先生に走り寄ると、「おお熊木、お前生きていたか！」と、涙ぐみながら私の手を両手で何回も握りしめた。「長い間すみませんでした」と、私も胸が熱くなった。

「先生、私は貧乏だからこんな店しか寄れませんけど」と言うと、「十分だよ。俺も学生の頃は、こういう店によく入ったし、この方が気楽で落ち着くよ」と言ってくれた。新宿から少し離れた代々木上原駅近くの場末にある中華料理店に2人で入ると、クリスマスにもかかわらず、客は私たちだけだった。

先生は「お前が送ってくれた活動資料を見て、あの熊木が障害者の活動でフランスまでとび回っているのかと、びっくりしたよ」と切り出した。そして「土木課の卒業生は何人か工事現場事故で死んだ者もいるから、熊木も死んだのでは、と思っていた。同級生に聞いても誰も知らないと言うし」と私の身を案じていたことを明かしてくれた。

　私は「長い間ご心配をおかけしました」と、これまで義理を欠いていたことを心からわびた。私が寮で飲酒したり、授業をサボって裏山でタバコを吸ったりして、退学処分になりそうな時、先生が弁護してくれた思い出話に花が咲いた。

　当時、先生は初めてクラス担任を受け持ったのだった。「いろいろあったね。他校との喧嘩沙汰や、校内や教室での暴行事件など、気の休まる時がなかった」と振り返った。

　入学時55人のクラスは、卒業時には45人だった。「一人一人が個性的で独立心の強い子ばかりだった。だから退学になった子も含めて、皆、忘れられない子ばかりだ」。問題児ばかりの集まりだったが、先生は懐かしそうに語ってくれた。

　思い出話は尽きることはなかった。いつの間にか紹興酒を2本飲み干し、気がつくと閉店時間になっていた。店を出ると都会の街は、クリスマスの若人で賑わっていた。

「スイミング教室」

1982年5月のある日、私は勤務先の知的障害児者施設「友愛学園」(東京都青梅市)の宿直明けの朝、洗面所で嘔吐した。国際障害者年記念映画上映会の活動や施設の生活指導などで、心身ともに疲れていたからだった。

その後の朝会報告で「今日のスイミング教室の付添い者は?」と確認すると、引率を申し出る職員はいなかった。自分の体調は悪いが、入所者たちのスイミング教室を休ませるわけにはいかない。「では私が行きます」で一件落着。私が言いだして始まったスイミング教室が軌道に乗るまでの1年間、自分を犠牲にして教室を続ける状況が続いた。

なかなか周囲の理解と協力が得られず、何とも情けない限りだった。しかし、入所者のスイミング教室を、週1回導入したいと提案したのは私自身。どんな事態になっても致し方なかった。

私がなぜスイミング教室を導入したかというと、毎夏、入所者と一緒に川や海へ出掛け、入所者がわれを忘れて水に戯れる時の笑顔や、解放感に浸っている明るい姿を見たからだった。施設生活の中で週一回くらい心身ともに解放感が味わえる機会を、入所者に与えたい。動機は単純明快だった。

そこで、同年2月、「友愛学園」と同じ青梅市にある知的障害児童施設「青梅学園」の指導主任小山隆さんに、「知的障害者向けの水泳教室をやりませんか」と相談を持ち掛けた。小山さんは快く同意してくれた。

私は早速、計画書をまとめ、数年前にオープンした「西東京セントラルスポーツクラブ」(同)に足を運んだ。当時、支配人を務めていた北浜敬三さんは、小山さんとも私とも顔なじみの仲。私たちが持ち込んだ話を聞いて「障害者教室を開こう」と快諾してくれた。

北浜さんは、その年の4月には障害者スイミング教室をスタートさせたいと明言してくれたが、「送迎バスとインストラクター、それに温水付きとなると、うちは大赤字。だけど仕方ないか」と本音も漏らしていた。当時、知的障害者の水泳教室の試みは都内では初めてだった。

北浜さんが快諾したことを小山さんに報告すると、小山さんは「ウチはいいけど熊木さんは大変だね」と意味深長な笑いを浮かべ、私が周囲から協力を得られるかどうかなど心配してくれた。

施設に戻って、職員会議で水泳教室の計画を提案すると、初めは大方の職員に反対された。しかし「障害者が社会資源を活用することも社会参加の方法だ」と押し切った。そんな経緯もあって、少し吐いたくらいで、スイミング教室の引率を休むことはできなかったのである。

「フランスで第10回記念展」

「福祉MYHEART美術展」は、1996年に第10回展を迎えることになっていた。そこで私は、第1回展（86年）終了後から交流を続けてきたフランスで、何とか記念展を開催できないだろうかと考えた。そう思って94年9月、当時トゥール市在住の画家セツコ・ウノ・フェンティスさんを訪ねた。

しかしその時には、作品交流出展を続けてきた知的障害児学校「レッソー」のジャクリーヌ・セルソー校長は、既に退職していた。だが彼女は、リシュリュー市の同種校「レ・フィオレッティ」の教員ブリジット・リシャー先生に、「日本との作品交流を続けるように」と、私を紹介してくれていた。

そのおかげで9月16日、セツコさん宅でブリジット先生と会うことができた。私の歓迎夕食卓を囲みながら、「実は第10回記念展をフランスで開きたいのだが……」と相談の口火を切ってみた。すると「それは素晴らしいアイデアだ」と、セツコさんの夫ピエール先生（高校・大学の教員）までもが大賛成。フランス側の準備は私たちが全面的にやるから、ぜひ実現させましょうと、力強く私の提案を引き受けてくれた。翌日、トゥール市から南西へ車で1時間ほど離れたリシュリュー市の「レ・フィオレッティ」校を訪問し、夕方帰国の途に就いた。

帰国後、私は直ちに日本側の企画準備に取り組んだ。だがフランス・ロワール地方では初めての心身障害児者の展覧会、それも記念日仏交流展である。本当に実現できるだろうかと不安だった。

ブリジット先生のフランス側実行委員会の立ち上げ、記念日仏交流展の規模、会場やスポンサー探し、日本の親善訪問団の受け入れなどについて、私が第一回展に取り組んだ以上の労苦が想像されたからだった。

そこで私は、私に予測、予想のつくことについて、セッコさんを通じてブリジット先生にアドバイスの電話、手紙、文書を送った。セツコさんは私たち二人の間のやりとりに追われながらも、「まるで以心伝心だわ」と意思の通じ合うことに驚いていた。私たちの計画は、3人の心が一つになって、具体的な実現プランに向かって着々と進められていった。

その結果、トゥール市の保険会社「MPF」（フランスプロヴァンス保険会社）で96年4月11日から5月24日の会期で、「福祉MY HEART美術展10回記念日仏交流展」は、無事開催されたのであった。フランス・ロワール地方では、初めて心身障害児者美術展として、フランス側の関係者に大きな自信と勇気と誇りをもたらした記念日仏交流展だった。

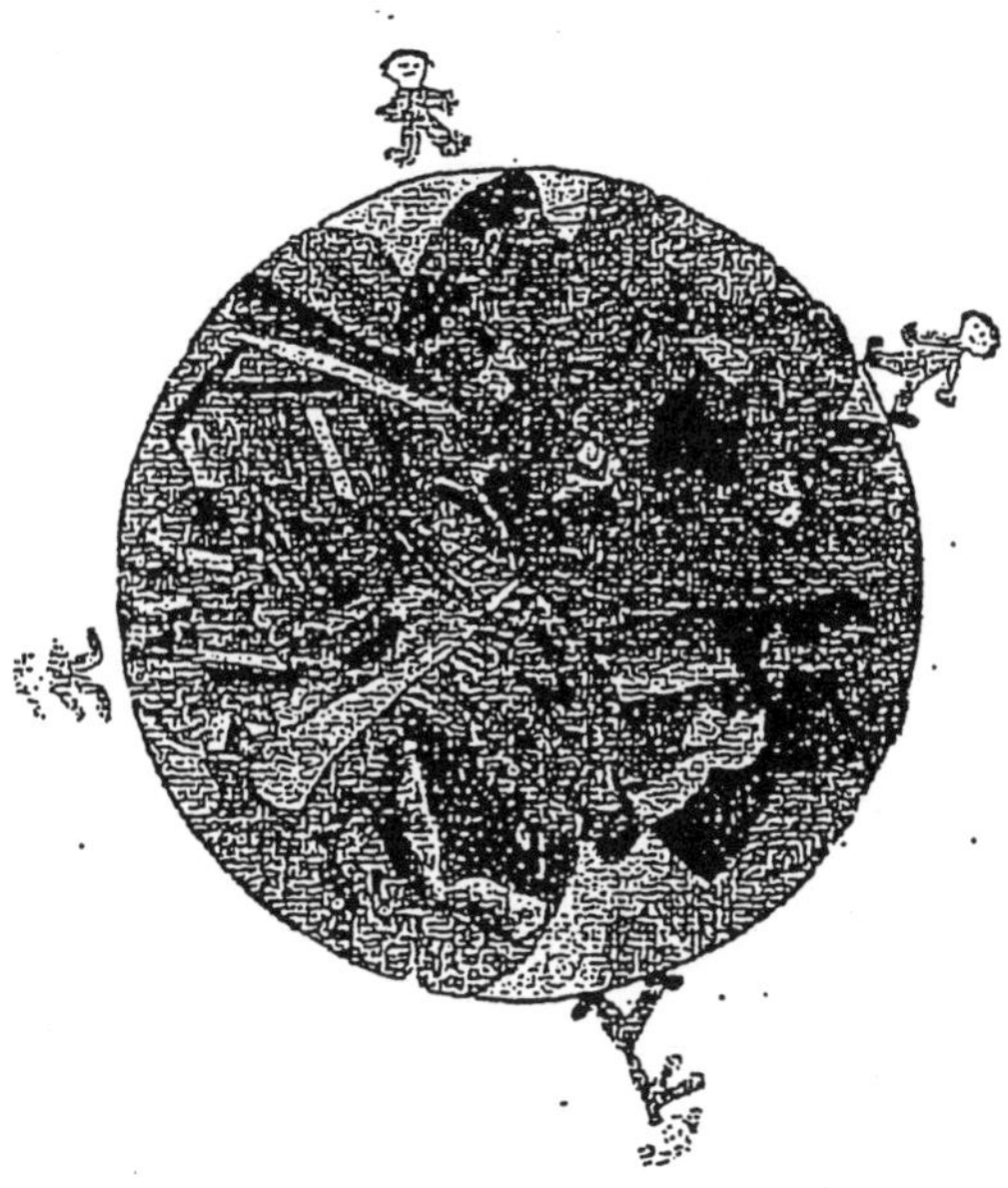

「**フランス協会誕生**」

1996年の「福祉MYHEART美術展10回記念日仏交流展」は、開催地フランス・ロワール地方の障害児学校、施設関係者に、想像以上のインパクトを与えたようだった。

私たち訪問団が帰国後1カ月余りが過ぎたころ、フランス委員会代表ブリジット・リシャー先生から、訪仏親善交流に対するお礼の手紙が届いた。その手紙の中ほどに、「5月22日、私は今回参加した施設に声をかけて、話し合いの企画をたてました。その時に反省会、そしてこれからのフランスマイハートをつくる準備を計画しています」（セツコ訳）という件があり、私はびっくりした。

また同時に、この記念日仏交流展は確かに成功したが、直ちに〝フランスマイハートを作る準備〟の話し合いがまとまるだろうかと、私には疑問だった。なぜなら私の知る限りでは、フランス人は個人主義的で感情的、自己主張の強い気質の人が多く、その意見調整が容易ではないと思われたからだった。

だが一方では、ブリジット先生に今回の成功体験の実績と情熱で、何とかこの話をまとめてほしいと期待していた。彼女は私が送った「福祉MYHEART美術展」の関連資料や日仏交流展の資料を集め、「MY HEART France」レポートを作成し、協会設立の準備を進めていた様子だった。

その後、97年4月30日付で手紙が届いた。その手紙には、「マイハート　フランス協会」を設立し、私を名誉会員に推挙、会長にブリジット、副会長ベルナール、会計係ドミニクの3先生が選ばれた、と報告されていた。私は「ブリジット先生、よく頑張ったね」と心の中でエールを送った。

手紙に同封されていた同協会規約書の第一条には、「1901年7月1日法に基づいた協会」、第2条には

「マイハート　フランスは、ハンディキャップの人たちに対する一般の認識とコミュニケーションを深めようとする、マイハートジャパンの創始者熊木正則氏の歩んだ行程の精神の中から生まれたものである」（セツコ訳）と記されていた。

　私は第2条に個人名が記載されていたので、「これは何だ！」とびっくりした。同時に、このような名誉（当初、名誉会長にと再三要請されたが、「協会の将来のためにはよくない」と固く断ったのだが）を与えてくれた友情をうれしく、また大変光栄に受け止めた。

　協会設立後の翌98年1月に、「MY HEART France」の第一回展が、バロンミレ市の重症障害児学校「シャルルマーニュ」で開催されたのだった。

「プロ作家たちの支援」

1970年代から80年代にかけて、私が障害児者地域活動で関わった東京西多摩地域の心身障害児者施設では、作業訓練の成果発表や施設運営費用捻出を目的とした、いわゆる施設の福祉バザーと称される作品即売会が各所で開かれていた。バザー作品は市価よりも安かった。施設入所者の生活や作業活動などの様子が一般公開され、施設の社会化をアピールする場面としては、それなりの有効手段だったと思う。

しかし私には、キラリと光る個性的な心の表現が見てとれる絵画や陶芸、手工芸などの造形作品が、売らんかな、買わんかなのバザー作品を目の前にした人々には、あまり関心が寄せられていなかったように感じられた。

私はそういう作品の中に潜む入所者の「内なる世界」の心の表現に、足を止め、じっくりと心の目を向けるような作品展を設けなければと、バザー作品に群がる人々の背を見て考えさせられた。

それにはプロ作家と同じように、きちんとした美術ギャラリーで作品展を開くようにしなければと、私は強く心に感じた。そんな思いから、多摩地域の小グループ展「福祉ふれあいFRIENDS展」を発想したのだった。しかし、その頃の私は、知的障害児者施設「友愛学園」（東京都青梅市）の一介の生活指導員に過ぎず、作品展の費用60万~70万円をどう工面するか、難しい課題だった。

そこで、その費用捻出方法として私は、友人の彫刻・造形作家友永詔三、画家・絵本作家田島征三、洋画家宮トオル、八木道夫、版画家井上員男、日本画家岩崎巴人の各氏プロ作家に、作品展の展示即売用の最新作を数点ずつ寄贈してくれるようお願いした。6作家とも「熊木の頼みなら」と快く応じてくれた。私も妻に内緒でこっそりとポケットマネーを出し、実行委員会の諸経費に充てた。作家たちの支援のおかげで、88年の第一回展から91年の第4回展まで、私は思いどおりにこの作品展シリーズを開催できた。

第一回展ではノルウェーと西ドイツ、第2、第3回展ではフランスから知的障害者も特別出品。

代表作品6点の組み合わせ絵はがきを600セット作製。第4回展では「青梅学園」（同市）の入所者関根正明さんの個展と、当初、私が考えていた以上の成果を参加施設と出品者にもたらしたようだった。

同時に、プロ作家の作品と障害児者の作品とが、その心をギャラリーに響かせ、絵筆の詩が聞こえてくるような心地の作品展シリーズだったと、今にして思う。

「プロ作家との合同展」

　私が心身障害者の表現文化活動として、初めて作品展への第一歩を踏み出したのは、1985年7月29日〜8月3日に開かれた「福祉ふれあいLIFE展」だった。作品展は、同年4月の「縄文の火祀り」で焼き上げた知的障害児者施設「友愛学園」（東京都青梅市）の埴輪、焼き物クラスの陶芸品、余暇活動で制作した紙粘土壁画などと、プロ作家4人との合同作品展だった。

　画廊は、土器の野焼きで一緒だった彫刻・造形作家友永詔三さんの紹介で、ギャラリー間瀬が経営する「世界観ギャラリー」（同千代田区）だった。

　プロ作家は友永さん、陶芸作家加藤炎山さん、画家・絵本作家田島征三さん、洋画家宮トオルさんの4人。それぞれが5点ずつ作品を出展してくれた。当時は知的障害者とプロ作家との合同作品展が、都心の美術専門ギャラリーで開催されることは、異例の出来事であった。そんなこともあって、NHKテレビニュースで報じられたり、各方面から注目されて話題を呼んだ。

　出展作品は、友愛学園の埴輪をはじめ、焼き物クラスの花瓶や陶板絵、木工クラスの段違い棚や短冊掛け、園芸クラスの岩タバコやイノモトソウなどの山野草、余暇活動の紙粘土壁画など多種多様。そんなこともあってか、プロ作家の洗練された作品をもしのぐ素朴さと迫力を、それらの作品は醸し出していたように、私には感じられた。

　友永さんも同じように感じたらしく、「ぼくたちプロが忘れかけている野生や原初的な感性とエネルギーを感じる」と、友愛学園の作品を率直に認めてくれていた。見学者も「原始的な作りにぬくもりを感じる」とか、「素朴な味わいが魅力的だわ」と思い思いの感動を口にしていた。

作品展には、翌86年3月開館予定の世田谷区立世田谷美術館の学芸員高橋直裕さんが、新聞を見たと言って見学に訪れた。その時、紙粘土壁画の作品が彼の目に留まり、高橋さんは後日、私の元を訪ね、同種の作品を同美術館の開館記念展に出展してほしいと要請した。私はビッグチャンスに驚きつつ、出展を引き受けることにした。

その記念展は、アンリ・ルソーを中心とする素朴派や世界の素朴、原始、民族作品などを集めた「芸術と素朴」展。そこに、紙粘土壁画6点の出展が決まったのだ。出展のきっかけとなった「福祉ふれあいＬＩＦＥ展」は、友愛学園にとっても私にとっても、幸運な思い出深い作品展だった。

「おれたちの甲子園」

「クマゴロウ（私のニックネーム）よ、おれたちの甲子園はないのか」

1980年前後だったろうか。勤務先の知的障害児者施設「友愛学園」（東京都青梅市）で、入所者と一緒に夏の全国高校野球大会の決勝戦をテレビ観戦していたら、突然、入所者の一人ナオタカさんが真剣な表情でつぶやいた。

続けて「だってなぁ、おれたち体操時間にソフトボールやってんじゃないかよ」と語り掛けてきた。私には何の方策もなかったが、その時は「よーし、分かった」とだけ返事をした。

返事はしたものの、当時の私は生活指導員になって7年目の駆け出し。何かを始めるということは重い宿題であった。ナオタカさんの真剣な顔を思い浮かべては、「成せば成る」と思案し続けて数年過ごした。

自分が思案している思いを職員会議に提案しても、「また熊木が勝手な思いつきを言っている」と反対されることが目に見えていた。そこでまず周囲の理解者を集めようと、福祉施設の職員仲間や保護者の説得に動いた。

同じ市内の知的障害児童施設「青梅学園」の小山隆さんに相談した。彼は青梅生まれの青梅育ちで、市内や福祉関係者の事情に詳しかった。「こういう件は親の会に相談すれば大丈夫だ」と教えてくれた。

私は早速、知的障害者の親らで組織する「青梅手をつなぐ親の会」会長の小嶺日吉さんを訪ね、大会長を引き受けてくれるよう懇願した。小嶺さんは「熊木先生が全責任を持つなら引き受けましょう」と了承してくれた。実務の責任者として私が実行委員会の運営委員長を務めることになった。

記念すべき「第一回青梅市社会福祉協議会杯ソフトボール大会」が開かれたのは1984年6月3日。同市の都立「誠明学園」（養護施設）のグラウンドだった。青梅市社会福祉協議会からの優勝カップと準優勝盾を懸けて、市内の心身障害児者施設や団体から6チーム計87人の選手が出場した。

選手たちは「おれたちの甲子園大会」の思いを胸に、熱戦をくり広げた。それぞれの障害を乗り越えて、投げて、打って、走った。精いっぱいの晴れ姿をグラウンドで所せましと見せてくれた。

応援する保護者から「こんな真剣な子供の姿は見たことがなかった」「まさか、わが子がホームランを打つとは」などの声が上がった。中には、涙を流してわが子の勇姿を目で追う親もいた。

大会は2回目から「福祉ふれあい杯ソフトボール大会」と改称され、今春（2010年）、27回目の大会が開催された。私は大会が定着したことを見届けて6回目で身を引いたが、その後今日まで、後輩たちが精力的に大会運営を引き継いでくれたのである。

「開館記念展へ招待出品」

東京都世田谷区の同区立世田谷美術館がオープンしたのは、1986年3月。その開館記念展は約2カ月半開かれ、テーマは「芸術と素朴」だった。アンリ・ルソーに代表されるフランスの素朴派の画家たちや、ゴーギャン、ピカソ、シャガール、クレー、ミロといった馴染みの巨匠たちの絵画や造形作品の展覧会だった。

会場は第1部が「素朴派の系譜」、第2部が「近・現代美術と素朴」、第3部は「原始美術と民族美術」、第4部「子供と美術（知的障害者の作品を含む）」の4部門に分けられ、合計で約400点が展示された。

その第4部に、東京都内からは「都立青鳥養護学校」「友愛学園」、近畿地方から「一麦寮」「落穂寮」「信楽青年寮」「滋賀県立近江学園」の知的障害や重症障害児者の絵画、陶芸などの造形作品が招待出展された。ちなみに友愛学園からは故佐藤清さん（1935～2009年）制作の「埴輪」（182×91センチ）を含め、共同制作の紙粘土壁画と合わせて6点の出展だった。

一般公開の前日、美術館の開館記念式典が催された。出展者佐藤清さんと母親が招待され、友愛学園の施設長と生活指導員1人が付き添って出席。私も招待されていたが、勤務に都合がつかず出席できなかった。会場で母親が、「まさか、清にこんな晴れがましい日がくるとは夢にも思わなかった」と言って目を潤ませ、「清も私も一生の思い出になりました」と感激していたそうである。

私はその年の5月に、紙粘土壁画を共同制作した同学園生数人と見学に出掛けた。世田谷美術館の学芸員高橋直裕さんが、「その節はご協力いただき、ありがとうございました」と笑顔で私たちを出迎え、館内へと案内してくれた。第1部、第2部、第3部と巡り、

第4部の会場に入った。「あった、あった。紙粘土の絵があった！」と学園生たちは、自分たちの作品に食い入るように眺め入っていた。

しばらくすると焼き物クラスの吉田尚古さんが、信楽青年寮の陶芸品に見入り、「これはすごいや。クマゴロウ（私のニックネーム）、おれたち負けたな」とつぶやいた。私はそのつぶやきが「悔しさ」の裏返しに聞こえ、「井の中の蛙が目を覚ましたな」と思えてうれしかった。「ナオさん、負けてなんかいられないよ。これからだよ友愛学園は」と、私は励ました。

この開館記念展への招待出展は、その後の作品活動に自信と誇りをもたらす、大きな転機を与えてくれた出来事だった。

「偶発的な作品」

昨年の5月2日、私が勤めていた知的障害児者施設「友愛学園」の入所者・実川正浩さん（重度知的障害・ダウン症）が、67歳で亡くなった。私より1歳年下だった。私が定年退職するまでは、生活上のことは全般的に介助を必要としたが、大病することもなく元気だった。

ところが、私が退職した後、間もなく頸椎（けいつい）変形症でベッドに寝たきりとなってしまった。手術はできなかった。重度の知的障害では術後の療養が危険で困難なためである。私はケース担当者から話を聞いて、やむを得ないと思った。

私は退職後も障害児者美術展のボランティア活動の用件で同園に出向いた折々に、実川さんを見舞った。昔なじみのジェスチャーで話しかけると、彼は怒ったまねや笑い顔の表情で私を楽しませ、相変わらずいとしい人だった。

そんな実川さんがその生涯で、最初で最後の陶芸作品を作ったのは、1995年の春だったと思う。重度者グループの作業活動を担当していた同僚の山本以文さん（現在は渋谷区障害者福祉センター「はぁとぴあ原宿」副施設長）が、「実川さんが作品を作りましたよ」と、私に報告。私は「エッ、マサヒロが！」と驚いた。

早速、作品を見に作業室へ小走った。山本さんの話では、粘土の固まりを実川さんに渡したところ、彼は低い声で「ウン、ウン」とリズミカルにうなりながら両手で押しつぶし、それを引っ張らせたらできたのだということだった。私は作品を目の当たりにして、「あり得ることだ」と、その偶発性に納得した。真っ青に焼きあがった作品は、私には仁王さまの怒りの形相顔に見えて、面白いと感じ入った。

その当時、財団法人「日本船舶振興会」＝現・日本財団＝の公報誌「Em:Bridge Monthly（エン・ブリッジ　マンスリー）」の編集部から、障害者の作品を毎号掲載したいと依頼されていた。そこで私は、山本さんが「ひっぱる」と名付けた実川さんの作品を、同誌96年3月号に推薦、掲載してもらった。

同誌の読者が、この作品を誌面鑑賞してどんな感想を抱いたかは知る由もなかった。が、私にとっては、どんなに重い障害の人でも、このような芸術作品が作れる可能性が、その生涯に一度や二度は必ずあるのだ、ということを知ってほしかった。それだけに、実川さんの作品「ひっぱる」は、それが偶発的、偶然的な作品であっても、そのことを示し得た作品として、いつまでも私の心に輝いている。

「個展『線描の詩』」

私は心身障害児者の心の表現活動について、身近な東京多摩地域の人々に理解の輪を広めたいと思った。そこで「福祉MY HEART美術展」（1986年に開始）に取り組む傍ら、88年から小グループ展「福祉ふれあいFRIENDS展」にも取り組んだ。

この作品展は、朝日新聞の姉妹紙「アサヒタウンズ」という多摩地域の週刊紙を発行していた「アサヒタウンズ社」（東京都立川市）が、同社経営の「朝日ギャラリー」を会場提供してくれたことで開催できた。同紙の取材応援のおかげで話題となった。

関根正明さん（当時34歳）の個展は、この作品展シリーズの第4回展として開催。この時は、「GALLERYくえすとWAMI」（同豊島区）の経営者大川和美さんが会場提供し、都内で開催することができた。会期は91年9月3日～8日の6日間だった。当時は、多摩地域の知的障害の人が都心で個展を開くことは、とても珍しいことだった。

私は個展のテーマを「〝線描の詩〟関根正明（青梅学園）の世界」と銘打った。そして関根さんのフェルトペン画を中心に、「太陽の家福祉作業所」（同日の出町）の五十嵐勝美さん、「島田療育園」（同多摩市）の為水信吉さんには絵画2点ずつ、「友愛学園」（同青梅市）の椿三千夫さんと吉田尚古さんには陶芸品を5点ずつ友情出品してもらった。4人の作品が関根さんの個展を引き立てた。

私が「青梅学園」の園長山下勉、則子先生夫妻を訪ねて、関根さんのことを聞いたのは、この個展準備の折だったろうか。夫妻は「正明には私たちには見えない脳内カメラがあるんでしょうね」と、ペン画を描く時の様子を話してくれた。

関根さんが7歳で入所した当時から、彼の絵描きを見守り続けてきた夫妻のこの「脳内カメラ」ということばに、私は妙に合点がいった。と同時に、その慈愛に満ちたまなざしから、「だから関根さんの絵心は育ち、その個性、特性がペン画に表出しているんだ」と、私には感じとれたのであった。

私は「脳内カメラ」をキーワードにして、それ以後、今日まで関根さんの絵を見続けてきた。その結果、彼は単なる記憶を絵に再現しているのではなかった。その日、その時、その光景に出会った心の躍動感を、ペンの線で織りなし、紡いでいたのだ。それゆえ、一本一本の線には目のぬくもりがあり、心の微笑をも感じさせる線描画となっていた。まさに「線描の詩」だと、私の目にも心にも映じたのだった。

「手作り品販売」

先月、青梅市立美術館（東京都青梅市）でほぼ毎年開催している心身障害児者の美術展取材の打ち合わせで、青梅市役所の喫茶コーナーへ出掛けた。同市役所の新庁舎は、今年（２０１０年）10月に建て替えたばかりで、喫茶コーナーでは知的障害の人が元気に働いていた。

知的障害がある人の「社会参加」や「社会自立」が盛んに叫ばれ始めたのは、１９７０年代から80年代。ふと当時を思い出し、喫茶コーナーで障害者が働く姿を目にして感慨深かった。

その当時、重度知的障害児者が社会に出て働くのは困難だとも言われていたが、私は何とかできないかと考えていた。

考えた末に思いついたのが、市内の二つの農協の園芸センターに、障害者の手作り品の販売コーナーを設置してもらうことだった。そこに常時、障害者が育てた鉢植えや木工作品を出品し、買い物客や農協の関係者と接したり、収入を得たりして、世の中の活動に参加する喜びを、彼らに直接実感させてやりたかった。

まずは１９８２年の4月初頭、青梅市役所の農林課に相談に行った。当時の担当課長とは顔なじみで、彼はその場で両農協の組合長に「友愛学園の熊木さんという人が相談に行ったらよろしく」と電話をしてくれた。

数日後、組合長を訪ねると「できる限りのことはしましょう」と、私の相談に耳を傾けてくれた。何日かして組合長から、役員会で福祉販売コーナーの設置が承認されたと連絡があった。

そこで、私は市内の知的障害児童施設や通所施設にも、各施設で作った物を販売しないか話を持ち掛けた。しかし、常時販売する作品を作るのは難しいと辞退された。

結果的に「友愛学園」だけの取り組みになったが、販売コーナーの話は早く進み、4月末までには、2カ所の園芸センターに販売コーナーをオープンできた。店頭に並んだのは、園芸クラスの入所者が真心込めて育てたミニ盆栽や草花の鉢植え。木工クラスは木製のスノコ板や段違い棚、焼き物クラスは手練り皿やコップなどの作品だった。

買い物客は「よそにはない、いい物をつくっているのね」「ごまかしがなくて素朴だわ」などと喜んで買い求めてくれた。そして、口コミで評判を広げてくれた。

常連客の評判に後押しされ、その年の年末からは、毎年、新年向けの鉢植えに使う七草の一つ、セリのポット苗1000個の大量注文も受けるようになった。年末の慌ただしい時期、入所者たちが「もういくつ寝ると～」と歌を口ずさみながら、苗をポットに植えていた姿は今も忘れられない。彼らの働く背中は、お正月の帰省前の期待と社会参加への喜びに輝いているようだった。

「受賞祝いの個展」

都内在住の心身障害児者の公募展「障害者総合美術展」（主催＝東京都・財団法人日本チャリティ協会）がスタートしたのは1986年。その第2回展（87年10月23〜28日・西武百貨店池袋店）で、当時、知的障害児者施設「友愛学園」（東京都青梅市）に入所していた吉田尚古さん（41）は、陶人形「リカ先生」で優秀賞（審査員特別賞）を受賞した。

ちなみにこの時の審査員は中根寛（洋画家・東京芸術大学教授）、三木多聞（美術評論家・国立国際美術館館長）、田中日佐夫（同・成城大学教授）、久里洋二（アーティスト）の各氏らであった。

私は吉田さんの陶人形が原初的なエネルギーに満ちていて面白いと思い、腕だめしに応募したのだった。その結果が、まさか同展の3賞中の一つに入賞するとは思わなかった。受賞の電話が届いた日、私は宿直当番（毎週一回）で学園泊まりだった。急いで吉田さんの居室に駆けこんだ。

「ナオ、おめでとう！　お前の〝リカ先生〟が優勝したんだって。たった今、クマゴロウ（私のニックネーム）に電話があった」と吉田さんに知らせた。「へぇー、この俺が優勝かよ。本当かよ。あれな、オッパイのボインボインを付けたからなんだべぇ。クマゴロウありがとうよ」と彼は照れながらも大喜びだった。そんな彼が私にはいじらしかった。

「でもな、ナオがまた勝手をしたって先生たちに怒られるかな。オレが人形作ってると、人形ばっかり作ってダメって言うんだからよ」と、自信のない小声でつぶやいた。

当時はまだまだ大方の職員は、学園生の自由な発想、自由な遊び心の作品に対し、作業訓練指導の見方でしか理解、評価しない雰囲気だったのだ。私はそういう雰囲気が、学園生の個性的な表現をつぶしているように思え、早く何とかしたいと考えていた。

そこで吉田さんの受賞祝いの個展を開き、もっと個性を尊重する見方を広めたいと思った。私は早速、友人の彫刻・造形作家友永詔三さんに相談した。彼はすぐに応じてギャラリーを経営する森田道子さんに、個展の話を頼んでくれた。その結果、工芸作家専門の「ギャラリー巴堂」（東京都新宿区・新宿センタービル）で、受賞祝いの記念個展が開けることになったのだ。友永さんは「プロ作家でもあそこでの個展は難しいんだ」と私にさり気なく言った。そんなギャラリーで個展が開ける吉田さんは、とても幸運だと思った。

「出遅れのチャンス」

私の家族は「正則は源太郎じいさんにそっくりの気性だ。短気で、向こう見ずで、遊び人で酒好きで。もっと地道に一歩一歩努力しないと世の中に信用されないよ」と、いつも私の行状を心配してくれた。

私は「寄ってたかって何で俺のことばかりお節介やくんだろう」と思っていた。だが、高校での停学処分、卒業後の受験浪人、大学3年中退、中退後の学生浪人、再入学後の俳句や文学活動、卒業後の社会人浪人と、心配するなと言う方が無理なほどチャランポランな青春時代を流浪っていたのだ。

しかし、当の本人は何が自分の生きる道、何が生き甲斐となるのか全く分からず、人生という〝大海原〟を前にして、ただ戸惑うばかりの状態だったように思う。家族が心配すればするほど、その心情が痛がゆく感じられ、私は自己閉塞に陥り、親兄弟といえども心のうちを容易に話すことができなかった。

自分自身で「どうにかせにゃならん、この人生を」と覚悟した時には、既に30歳だった。同年配の人たちは「三十にして立つ」社会人として、私の目に光り輝いて見えた。「一日も早く皆の最後尾に追い付かなければ」と思った。そこで偶然見つかったのが、知的障害児者と共に歩む道であった。その道は「のん気、こん気、げん気」の心の太陽、草原に続く道であった。私の心持ちに適っていた。

1982年に東京都が実施した「心身障害者〈児〉及び老人関係収容施設職員海外派遣研修」の一員に選ばれた。この時、私は知的障害者入所施設「友愛学園」（青梅市）の生活指導員になって10年目だった。

国連が81年を「国際障害者年」に指定。そんな折、障害者の完全参加と平等や、ノーマライゼーションについて、ヨーロッパ諸国の実情を視察し、都に報告書を提出する研修だった。

その研修で私は、スウェーデン、イギリス、イタリア、スイス、フランスの5カ国を訪問した。各国の行政官や団体責任者、大学教授の講義を受け、施設現場の実情を視察した。初冬の長夜のスウェーデンでは、夜を徹してリーダー会議を開き、ノーマライゼーションについて議論。今も忘れ難い思い出となっている。

私の人生にとって千載一遇のチャンスであった。また、かって祖父が「その目で世界を見るがいい」と言ってくれた言葉を思い起こさせる旅でもあった。

「**初めての海**」

私が初めて海を見たのは、小学5年生（1953年）の夏だった。そのころ「朝鮮戦争」とか「朝鮮動乱」、「三八度線」と、その意味も分からず口にしては、戦争ごっこ、陣取り合戦などで遊びまわっていた。その戦争が朝鮮半島を三八度線で南北の二国に分断し、ようやく朝鮮休戦協定が調印された年であった。

私が学んだ塩沢町立樺野沢小学校は、2学年1教室の複式学級だった。このような事情もあって、5年生になると6年生と一緒に修学旅行として2泊3日の海水浴に行けたのである。6年生になっても同じなので、私たちにとっては天にも昇る嬉しさだった。行き先は柏崎、鯨波、笠島、直江津と年度によって違っていた。私たちの年度は笠島だった。

まだ戦後復興期の貧しい時代、2年続けての海水浴旅行はどこの家庭にとっても大変な経済負担だったと思う。しかし、朝鮮戦争の特需景気が子供たちの小遣いかせぎにも及んでいた。鉄や銅などの金属廃品、鉄道貨車からこぼれ落ちた燃料用コークスなどを拾い集めたり、蝗取りをしたり。また、落穂拾いなどで小遣い銭をため、旅行費用の足しにしていた子供たちもいた。

私も負けじとばかりに、銅やアルミ製の小鍋を家から持ち出して村々を巡回する廃品業者に売りとばし、アイスキャンデーやお菓子を買い食いしては祖母や母に、「まだ使っている鍋がないと思ったら、マサ、お前がろくでもないことをして！」と叱られた。

私は小学2年生ころから川や池で、雨蛙のごとく自由に泳げていた。ところが海では、あまりにも身体が浮き過ぎ、泳いでも泳いでも前に進まず、ただプカプカ浮いているだけのような妙な感覚だった。また海の水は「塩っぱくて苦いな。喉がヒリヒリして飲めたもんじゃない」「何で川のように水が流れないんだろう」と、不思議に思うことばかりだった。

そして水平線を見渡し「何というだだっぴろさだろう。祖父さまが言った『海は広いぞ』とはこのことか」と思った。「俺も祖父さまのように海を駆け巡ってみたいな。海の向こうには何があるんだろう」と、小さな胸がふくらんだ。

家に帰ってそのことを父に言うと、「何になってもいいが、船乗りと飛行機乗りだけは駄目だ。絶対に駄目だ」と猛反対された。父はきっと祖父のような「海千山千」の人生を、私に歩ませたくなかったからなのだろう。そこには、祖父に代わって留守家族を守らなければならなかった、父の悲哀がこもっていた。

「障害者のグループ展」

東京多摩地域の週刊タウン紙で朝日新聞姉妹紙のアサヒタウンズ社（東京都立川市）の記者榎戸友子さんと、JR青梅線の電車に偶然乗り合わせたのは、1987年9月24日ではなかっただろうか。その車中で私は、多摩地域の知的障害者グループ展を開きたい旨を話し、榎戸さんにギャラリーを紹介してくれるよう頼んだ。

するとその時、「うちの社のギャラリー担当者に聞いてみましょう」と、快く応じてくれた。その後10月12日、「来年の2月だったら、都合がいいそうです」と榎戸さんから電話があった。わたしは即座に「お願いします」と返答した。

早速私は、グループ展名称を「福祉ふれあいFRIENDS展」とし、次のような趣旨で企画案を作成し、実行委員会を結成した。

①心身障害児者の絵画作品の理解を深める

②心身障害児者美術活動の社会参加の理解を深める

③心身障害児者の絵画展をとおして、「ともに生きる」ことの出会い、ふれあいの輪を広げていく。

次に作品展費用をどう捻出するかを考え、友人のプロ作家に作品提供してもらい、それを作品展で展示即売することにした。そこで作品展のキャッチフレーズを、〝プロ作家とともに詩うわたしたちの絵画展〟と銘うった。「失敗したら費用も含めて自分の責任だ」と、いつもどおりに覚悟を決めて私は作品展に臨んだ。すると企画案は首尾よくまとまった。

出品参加者は心身障害児者の美術展「福祉MY HEART美術展」で注目された人たちを選抜した。

その結果、知的障害者施設「青梅学園」（東京都青梅市）の関根正明さん、「友愛学園」（同）の佐藤清さん、「太陽の家福祉作業所」（東京都日の出町）の五十嵐勝美さん、「日の出太陽の家」（同）の木村照子さん、さらに「白百合学園福祉作業所」（立川市）の奥野興一さん、「滝乃川学園」（東京都国立市）の一松くに子さん。海外からはノルウェーのＥｒｉｋ ＨＡＧＥＲさん、西ドイツのＳｔｅｆａｎ ＢＵＳＵＮさんとｒｅ・Ｙさんらの総勢20人で、展示作品は21点。

プロ作家は彫刻・造形作家友永詔三さん、画家・絵本作家田島征三さん、洋画家宮トオルさんの３人で15点の作品を出展してもらった。

会場はＪＲ立川駅ビル内の「朝日ギャラリーC室」。会期は88年2月5日から10日の6日間だった。知的障害者とプロ作家の作品が、それぞれの個性を輝かせて詩い合い、響き合い、心に残るグループ展となった。

「障害者のペン画」

関根正明さんは、私が勤めていた「友愛学園」と同じ東京都青梅市内の知的障害児者施設「青梅学園」で暮らし、現在54歳。私が彼のペン画を初めて目にしたのは、1981年12月の「青梅学園作品展」（青梅信用金庫本店ギャラリー）を見学した折だった。

作品展には磨き根っこ、本立てなどの木工芸品、毛糸編みのマットやマフラーなどの手芸品、手刷りカレンダーや手すき和紙などの紙工芸品が展示販売され、師走の買い物客でにぎわっていた。私にはそれらの作品は、友愛学園で見慣れていたので興味はなかった。

ふと会場の壁面に目を移すと、絵と書が目に入った。人々の目は販売品に向けられ、それらの作品はなんとなく寂しそうに見えた。しかし私は「見るものを見た」と思った。それは鉛筆やボールペン、黒いフェルトペンで描かれた電車やバス、自動車など数点のペン画だった。作者は関根正明さんだった。

私はその時、小学1年生の娘を連れていた。娘は「すごいね。私が新幹線に乗った時は、こんな絵の感じだったよ」とつぶやいた。私の友人で彫刻・造形作家友永詔三さんが「作品展で怖いのは子供の目だよ。子どもは純粋だから、興味がなかったら振り向きもしないよ」と常々言っていたことを思い出し、娘の反応に「確かにそうだな」と思った。

関根さんは当時24歳と若く、その感性は鋭くスピード感にあふれ、まるで交響楽が聞こえてくるような感じのペン画だった。私は「うーん」と感じ入った。そこで私は関根さんの手作り画集「ぼくのまわりの車たち」が販売されていたので、家に帰って娘と一緒に見たいと思い、1冊購入した。それを娘に手渡すと、大事そうに家まで持ち帰った。

その時、西多摩地域の障害児者福祉ボランティア活動を一緒にやっていた、同園指導主任小山隆さんが作品展係だったので、関根さんのことを尋ねてみた。彼の話によると、関根さんは小学校1年生の時に入園し、その当時は絵本を見てはその記憶で絵を描き、記憶力の良さに驚いたという。年齢が上がるとともに、学園生活の行事、散歩や旅行などで生活体験の幅が広がり、その事々への興味関心に目を向けては絵を描き続けてきたそうだ。次第に、絵を描く根気と絵に対するこだわりも強くなっていったという。

関根さんのペン画を見た限りでは、彼の知的障害は「障害」と言うよりも、一人のアーティストとしての個性ではないかと、私には思えたのだった。

「城を守りたい一心」

故郷の旧塩沢町には、樺沢城跡という史跡がある。新編会津風土記などによれば、戦国武将上杉景勝が生まれた城である。高校1年生の夏休み、加茂から塩沢に帰省の折、竹馬の友、鈴木孝一さんから、その樺沢城跡がある城山の砂防工事に誘われた。

「マサノ、俺と一緒に城工事に出ないか。暑くて難儀だけど、城の崖崩れを止める工事だ。やり甲斐があるしな。やる気があるんだったら、俺が親方に頼みに行ってくるから」

「孝一がそう言うんだったら、やってみようかな。夏休みだからちょうどいい仕事だな」

孝一さんは、長男で農家を継ぐため中学校を卒業後、ただ1人村に残った同級生だった。孝一さんが私を誘った仕事というのは、城山にある胞衣（えな）塚付近の崖が土砂崩れをおこし、それを防護する工事であった。

城山は私が小学1、2年生の遠足で、頂上に立つと武将の気分になれた思い出の地。感慨深い地ということもあって「城を守らなければ」の一心が、少年2人を石運びの苦難に立ち向かわせたのかもしれない。

われわれに与えられた仕事は、土砂崩れを防ぐため山の斜面に張った蛇籠（じゃかご）に玉石を詰め込む作業。重さ10キロほどの大きな玉石を2、3個ずつ背負子籠（しょいこ）に入れ、30～40メートルの崖の上に運び上げるのだ。真夏の太陽がギラギラ照りつける中、工事用の急斜面の階段道を運ぶのだが、15歳の少年2人にとってはあまりにも過酷過ぎた。当時の私は、孝一さんに比べて骨格も肩幅も細く、胸板が薄く、体力的にひ弱だった。

「孝一、もう、ひと休みしようや」と私が弱音を吐くと、「いや、もう一回運び上げれば一服の時間だから、もう一回だけ頑張れや」と、青息吐息の私を後ろから励ましてくれた。私一人だったら「あの悪タレ小僧が案の定、アゴを出して。意気地がない奴だ」と村の人に笑われていたはず。村人に馬鹿にされようと、「こんな地獄責めのような仕事が、この俺にできるわけがないだろう」と、途中で放り出して家に逃げ帰っただろうと思う。

だが同い年の孝一さんが頑張っているのだ。「孝一が必死に頑張っているのに、俺がここで意気地なしになってたまるか」とばかりに、気力だけは頭の中をかけめぐっていた。

人間は、一人では挫けることもある。でもそこに友が楔となって、踏みとどまらせてくれることもあるという実感を、15歳だった私の心は心底で齧りとったように思う。

孝一さんと一緒に、汗にまみれての石を運んだ作業を思い出すと、今もその重さや息苦しさが、五体を走り抜けるような感覚を覚える。あの夏のあの苦しみは、何ものにもかえがたい私の生涯を貫く克己心となっている。

「心を鍛える」

1955年4月、塩沢中学校に入学した私は、悪戯坊主だった小学校時代の自分に「さよなら」して、バスケットボールに熱中した。授業が終わってすぐ家に帰っても、父や母に家の仕事や手伝いを「あれしろ、これやれ」と命じられるだけなので、クラブ活動は願ったりかなったりだった。

父や母は「下手に手伝わせても反抗するだけだから、運動で体力作りに励んでくれたほうが安心だ」と思っていたようで、バスケットボールの練習で帰りが遅くなっても、私の気が済めばいいと、何も言わなかった。

家から学校までは歩いて一時間半ほどかかり、当時、私の村で運動クラブで活動した人は、私1人だけだった。放課後、練習が終わって家に帰り着くと夜の8時近くだった。帰宅後は自習する気力も体力もなく、夕飯を済ますと、翌朝7時に家を出て学校へ向かうための睡眠時間を確保するのが精いっぱいだった。

2学期の前半までは日が長くてよかったが、後半になると、雨の日や時雨の日、雪の日などは「俺は何でこんな思いをしてまで、練習を続けるんだろう、馬鹿じゃないか」と自問自答した。町を外れると真っ暗闇。遠くの村々の家の明かりをたよりに空腹に耐え、疲れに耐え、そして幼き日に祖母から聞かされた怪談の怖さに耐えながら、1人とぼとぼと歩く足音の何と心細く、孤独なことであったか。

2学期はどうにか耐え抜けたが、3学期になると雪が3メートルほど降り積もるため、冬将軍には勝てず、クラブ活動を休まざるを得なかった。体育館で練習に励む人たちの姿を目にすると、とても辛く感じられた。そして、練習をしないで家路につかなければならない自分自身にある種の後ろめたさ、はがゆさ、悔しさを感じつつ、学校に近い地域の人たちが羨ましいと、つくづく思った。

2年生までは、3学期の練習不足を夏休みまでには取り返し、秋の新人戦にはレギュラーになれた。しかし、3年生になると、2年生とレギュラーの座を分けあうようになり、悔しい思いをした。

それでも、3年生の時の南魚沼郡大会決勝戦。「熊木、最後だ。全力を出してこい」と、監督が途中交代で起用してくれた。私は力みすぎ、絶好のランニングシュートを外してしまった。「ああっ、これが俺の人生かも」と思った。結果は敗れて2位。目標の中越大会に出場はできなかった。だが、3年間のクラブ活動は、私の心を十分に鍛えあげてくれた。

「真珠のような笑顔から」

私が心身に障害のある人たちと共に、人生を歩きたいと決意を固めたのは、1981年ごろからだっただろうか。73年2月1日、私は知的障害児者施設「友愛学園」(東京都青梅市)成人部の生活指導員の職に就いた。当時は〝社会人浪人〟中だったので、「飯が食えればいいか」程度の考えだった。その後、9年間ほどは「何事にも、いや、そうじゃない」と、同僚職員や園長の方針にたてつくだけの態度で過ごしていた。

そうした中途半端で生意気な態度を一変させることが、私を待ち受けていた。それは、青梅市内の在宅心身障害児者の学童保育、余暇活動の場として、81年9月、「青梅希望の家」が開所され、私がそのボランティア活動に参加したことだった。

そのボランティア活動の行事で、翌82年の7月、1泊2日で千葉県勝浦の海へ海水浴に行った時のこと。海水浴場で私は、自力では全く身動きができない重症障害で細身の少女(小学生)を両手で胸に抱き、一歩一歩、恐る恐る砂浜から海へと入っていった。少女は今、自分の身に何が起きようとしているのだろうかと、私の胸の中でコチコチに緊張していた。ただなされるがまま、あおむけに空に向かって目をキッと見開いていた。

その目は、見ず知らずの男が自分に何をしようとしているのか、不安と不信におののいていた。逆の立場であれば、私も同じ気持ちだろうと想像ができた。

海面が少女の背に迫る高さまで歩いた。少女は生まれて初めて海に入ったらしく、全身を力いっぱいのけ反らし、恐怖心で打ち震えた。私は「大丈夫、大丈夫だよ」と少女に声をかけ、しっかりと抱きしめ、そのまましばらく静止した。すると少女は、次第に落ち着いた表情に戻っていった。そっと、そーっと少女を横向きにして、「今、君はこの海の中にいるんだよ」と、海原が水平に見えるようにしてやった。

その後、再びあおむけに戻した。すると少女の身体は、それまでとは打って変わって、とても柔らかく滑らかな感じになった。不安と不信の緊張感から解放されたのだ。そこで私は、顔が波をかぶらないように、静かに少女の身体を海に浸した。少女は「ウーッ、ウウウッ」と、喜びの低いうめき声をあげ、私ににっこりと真珠のような美しい笑顔を見せてくれた。

私はこの瞬間、少女から確かな贈りものをもらったと実感した。この実感が、障害者と共に歩む、私の決意を固めてくれたのだった。

「人の目が磨く表現」

私が「青梅学園」（東京都青梅市）の入所者関根正明さんのペン画に注目するようになったのは、１９８6年の「第1回福祉ＭＹ ＨＥＡＲＴ美術展」（青梅市立美術館市民ギャラリー）からだった。その時の出品作は「工事」というタイトルで、縦25ｃｍ×横35ｃｍの画用紙に描かれたボールペン画だった。

この美術展には、東京多摩地域や都区部の心身障害者入所・通所施設や養護学校など26団体が参加した。木工、編みもの、陶器類の手工芸品が多く出品され、あたかも障害児者の物産展、バザー会場のような様相で、美術展とは言い難い雰囲気だった。当時の出品団体関係者にとっては初めての試みだったので、それは無理もないことだと思った。

そんな事情もあって、関根さんのペン画はあまり人目を引かなかった。しかし私の目には、彼の画集「ぼくのまわりの車たち」から大きく成長したように映って見えた。

さらにこのような美術展で多くの人の目に触れ、出会いを得ることによって、彼の記憶による線の活写はもっと磨き抜かれていくだろうと、私は期待した。彼も、彼をとりまく青梅学園の人たちも私と同じように感じたらしく、以後、毎回この美術展に出品してきた。

第2回展、3回展……と回を重ねるごとに、「こんなに細かいところまでよく描けるわね」とか「ここまで描く根気は、私たちにはないわね」といった評言が、見学者の間でささやかれ、次第に高まっていった。私にとっては、案の定なことで確かな手応えだった。

そうした中、第5回展（91年1月9日から15日）の「毎日新聞」東京版の記事を見たのでと、「ＧＡＬＬＥＲＹ くえすと ＷＡＭＩ」（東京都豊島区）の経営者大川和美さんが、見学に訪れた。大川さんはその5年前まで福祉作業所に勤めていた人で、心身障害者への理解は深かった。短い時間のやりとりであったが、大川さんは私とほぼ同じ考えの人だということが分かった。

そこで私は「関根さんの個展を開きたいと思っています」と言うと「あのペン画の人ですね。すばらしいです。よかったら私のギャラリーを使ってください」と大川さんは、即座に会場提供を申し出てくれた。「それは願ってもないことです。本当にいいのですか」と私は念を押し、「こんな幸運なことってあるのかな」と思った。第5回展が終了後、この話を青梅学園山下勉先生に相談すると、「ぜひともお願いします」と大喜びの返事だった。

関根さんの個展は、こんないきさつがあって、都心のギャラリーで開くことができたのだった。

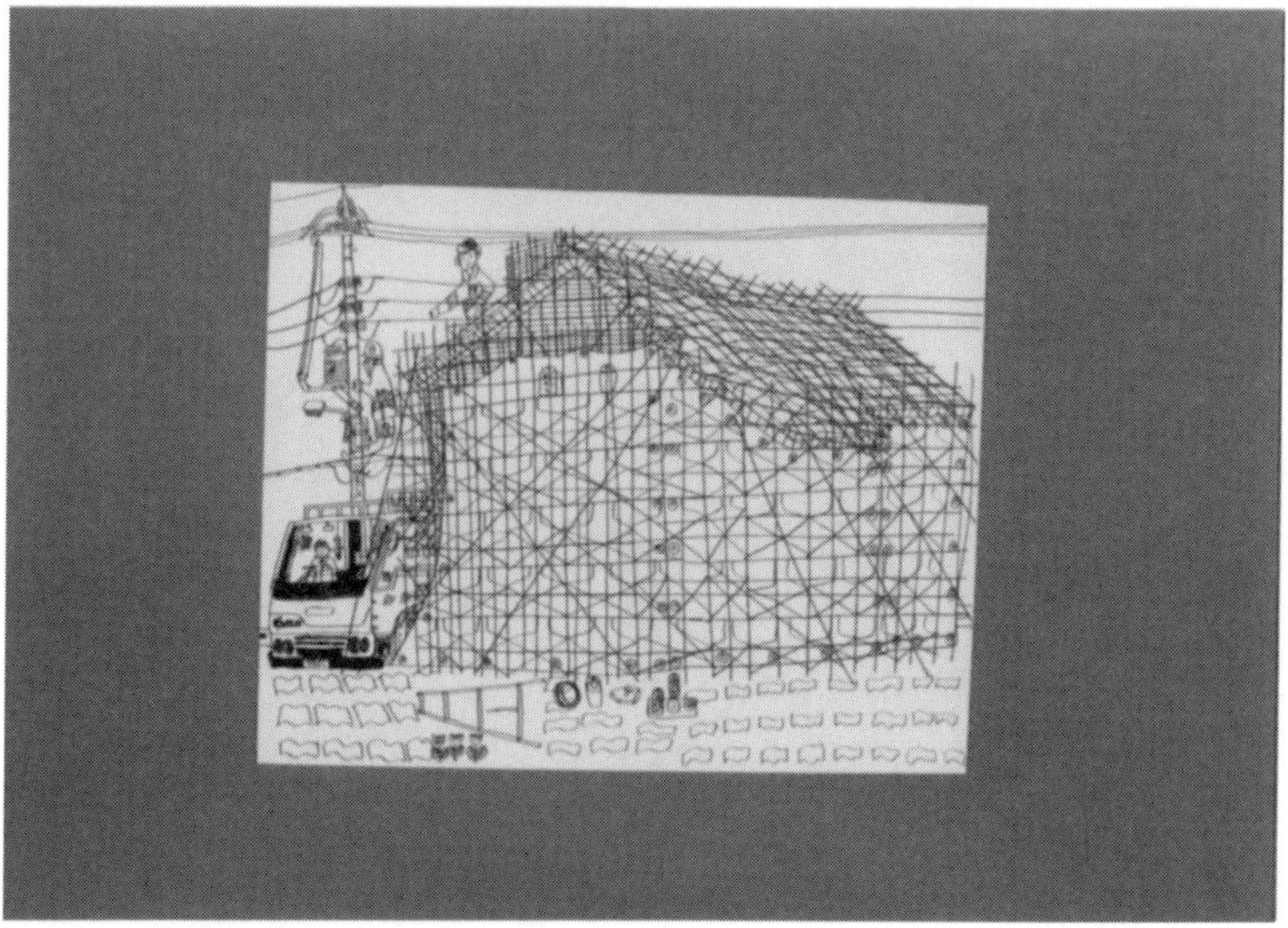

「祖父の鶴亀算」

私は頑固な祖父が好きだった。といっても優しくしてもらった記憶は一度もない。その後ろ姿に男の厳しさ、怖さ、豪胆さを感じていた。

「マサ、鶴の足は二つ、亀の足は四つだ。亀が20匹ここにいるとすると、鶴は何羽いることになるかな」と時々祖父は、私を囲炉裏端に呼びとめて鶴亀算を教えてくれた。

「俺は亀は見たことがあるけど鶴はない。だから分からない。鶴は50羽くらいかな」と答えると、「くらいとは何だ。この馬鹿者!」というが早いか、祖父の火箸が頭を打ちつけるのであった。その瞬間、頭に火が点くような痛みが飛び散った。

私は「ウッ」と痛みをこらえ、目力を入れて祖父をにらみ返した。「男の子はそれでいい。そのくらいの我慢強さがないと、大人になってもいい仕事ができないからな。算数と我慢強ささえあれば、どこへ行っても生きられるぞ」と祖父は男児の心意気を教えてくれた。おかげで私は腕白少年に育った。

祖父は青雲の志で日露戦争後、サハリンやシベリアの北洋材、台湾やフィリピン、マレーシアなどの南洋材の運搬船に乗り、海運の仕事を志した人だった。「マサ、海は広いぞ。海の向こうにはいろいろな国があり、いろいろな人がいる。お前も大きくなったらその目で世界を見るがいい」と、雲をつかむような話をしてくれることもあった。

また、出航待ちの船宿で、当時新潟の港町芸者だった小唄勝太郎に教わったという「夕暮れ」とかいう小唄を、祖父は囲炉裏で一人静かに酒を飲みながら、くり返し、くり返し歌うこともあった。しかしその響きには、時の運に恵まれず成功しなかった祖父の「海運の夢破れたり」の哀愁がこもっていて、幼い私にも何となく男の哀切さが感じられた。祖父は小唄で往時を偲んでいた。

私には祖父の話は興味深く面白かったが、家人や村人には稼業にならない道楽話、絵空事にすぎず、半生をかけての経験談に耳を傾けてくれる人は少なく、孤独な人だったと思う。

後年、私は心身障害児者の美術展、海外福祉文化交流で欧州やアジアの国々へ20回あまり出かけた。そのたび「その目で世界を見るがいい」と教えてくれた祖父の姿が、胸の奥深くに懐かしく思い出された。

「祖母のたしなめ」

私は赤ん坊の時、大腸カタルで「この子は助からない」と医者に見放され、当時は手の施しようがなかったと、両親から聞いたことがあった。にもかかわらず、どうして一命をとりとめたのか、そのことについては誰からも聞いたことがなく、未だに分からない。

こんなことで家人たちは「生命力の強い子、でも身体の弱い子」と私を見ていたようで「マサは身体さえ丈夫であればいい。勉強なんてできなくたっていい」と、私を自由気儘に幼少期を過ごさせてくれていたようだった。そんなこととはつゆ知らず、村中をわが庭として遊び、いたずら放題にいたずらをし、気が付けば手の付けられない腕白、いたずら坊主、魚がピチピチ跳ねるような元気のいい少年に育っていた。

「マサや、あんまり悪いことをしたり、悪口（あっこう）つくと、地獄に落ちて閻魔（えんま）様に舌を抜かれるぞ」とか、「口が耳まで裂けた夜三郎という人食い老婆が、山から下りて来てお前をさらっていくぞ」と、祖母はわざとそれらしく怖い顔つきで、私を時々たしなめてくれた。

祖母は芝居好きで近隣の村々で村芝居があると聞くと、必ずといっていいほど「マサや、明日は芝居見に行こうぞ」と私を連れて行ってくれた。私が幼少期の頃は、農村歌舞伎が盛んに行われていた。戦後復興期の貧しい時代、テレビも演劇場もない農山村では、村の人たちが総出で作り出す歌舞伎芝居は最高の農村文化だったと私は思った。

私は4、5歳から小学校3年生頃まで、祖母と一緒に芝居を見たこともあって、歌舞伎の隈取りの顔つき、表情から閻魔様や夜三郎が想像され、「マサや…」と始まる祖母のたしなめ話は、身の毛がよだつほど怖かった。「祖母（ばあ）さま、明日から俺いい子になるすけ、閻魔様にも夜三郎にも許してくれるように頼んでください」と言うと、「今度だけは、ばさまが特別に許してくれるように頼んでみようぞ。本当にいい子になるがだぞ」と、祖母は優しい笑顔に戻って、私のいたずらを許してくれた。

祖母は山地主の裕福な家庭に育ち、その立ち居振舞いは上品で「何で俺の家みたいな百姓家に嫁に来たんだろう」と、私は幼心に思うことがあった。また、私の記憶に、祖母が田畑で働く姿や汗水流して家事をする姿はない。「マサや、この薬を飲め、あの薬を飲め」と、私の身体を気遣うやさしい姿、気品に満ちた笑顔だけが心に残っている。

「諦めずに応募、入選」

いつの日のことだったか。知的障害者施設「八王子生活館」（東京都八王子市）の絵画クラブを指導していた環境デザイナーの摩利悦子さんから、「先生、ありがとうございました。おかげさまで子どもたちの作品が入選しました」と、喜びいっぱいの電話をいただいたのは。

この電話は、1992年12月4日から23日まで「O美術館」（同品川区）で開催された「国連・障害者の十年『私の地球、私の仲間』絵画展」＝NHKなど主催＝に、八王子生活館から応募した作品が入選したという知らせだった。「まさかの入選」に、私は驚いた。

審査委員は画家の岩崎巴人、久里洋二、野田好子の3氏や、高木金次・日本チャリティ協会理事長、長谷川栄・O美術館長ら。日本全国からの応募作品は1557点。その中で、入選作品は100点だったという。

私はこの絵画展を見学した。その時、八王子生活館の作品「森の踊り衆」（佐藤尚子ほか共同制作・縦60cm×横73cm）は、踊りの人物像を思い思いの姿に彫金したアルミ板9枚を組み合わせたレリーフだった。

画面は古代文明の壁画に見られるような絵物語やシャーマンの祈とう踊りを、私に連想させてくれた。どこか幼くぎこちないところが、製作者たちならではの個性、表現感覚の技巧なのだろうと思うと、そのユニークさが何とも言えずかわいらしかった。また、とても初々しくて、心の底まで軽やかだった。

そんなことを感じながら、私は摩利さんに応募を勧めた日のことを思い出していた。たしか「第6回福祉MY HEART美術展」（92年8月25～30日・青梅市立美術館）の折だったと思う。今回の作品と同じ技法のアルミ板出品作「DAI MAOU」（共同制作・縦

67cm×横96cm）を見て、私はそのユニークさに魅了させられた。そこで摩利さんに「NHKの絵画展に応募してみませんか」と、声をかけた。すると「そうですね」と応じた。

　私はすぐさまNHK厚生文化事業団から応募要項を取り寄せ、摩利さんに送り届けた。応募締め切りまで1カ月足らずだった。私は技法が技法なだけに、「果たして間に合うかな」と危ぶんだ。しかし摩利さんと八王子生活館の人たちは諦めなかった。「成せば成る」を実現しやり遂げたのだ。

　この「森の踊り衆」には、こんないきさつが思い出された。どんな場面でも「諦めない」ことを、私に教えてくれた作品のひとつだった。

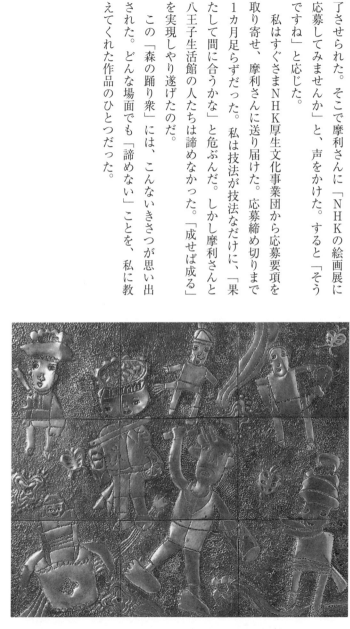

「伝統の寄宿舎」

雪深い南魚沼の山々には、残雪が白く輝いていた。「樺野沢小学校」の桜の蕾は、まだ堅かった。私は一人、県立加茂農林高校入学のため、上越線大沢駅から新潟行きの汽車に乗った。「身体に気をつけて勉強するんだぞぉ」と、母が見送ってくれた。

「ああ、これで夏休みまで家族や村人、見慣れた金城山や巻機山ともおさらばか」と思うと、15歳の私は淋しさで胸がいっぱいだった。汽車は「次は何々駅」と停車しながら、4時間近くで加茂駅に着いた。「思えば遠くへ来たもんだ。もう後へは退けないいな」という心境で、家を離れた淋しさは消えていた。

「今日からはこの寄宿舎で暮らすことになる。困ったこと、心配になった時は、舎監の先生に相談しなさい」ということで、3年間の寄宿舎生活が始まった。寄宿舎の周りは桜が満開。新入生の目には、「桜の花とはこれほどまでに美しいか」と、高校生活との夢と希望の光に輝いて見えた。

しかし、寄宿舎生活は、戦前の加茂農林学校時代の全寮制の伝統、生活習慣の名残もあって、上級生には絶対服従だった。

赤レンガと縄タワシで磨きあげた便所掃除。「掃除終了しました。点検お願いします!」と上級生に報告。「きれいだと思ったら、指を溝にこすって舐めてみろや」、「はい」とこすった指を舐めて掃除は終了だった。

一事が万事、1年生の寄宿舎生活はこの調子で、部屋、洗面所、風呂場、食堂、舎監室等の掃除当番に勤(いそ)しんだ。さらに、上級生の洗濯物の手洗いや布団の上げ下げと日干し、食堂の配膳、駄菓子屋への使い走りもあった。晩秋の落ち葉掃き、冬場の火鉢の炭火(暖房は部屋に火鉢が一つのみ)等の仕事にも明け暮れ、教室での授業が半分、寄宿舎の仕事が半分という具合で1日が終わった。私たちは「舎生」と呼ばれ、授業時間には「舎生はよく居眠りをする」と先生たちの間で評判だった。

寄宿舎生活の厳しさ、切なさの中で、私の幼年期の反抗心や、仕事嫌いが窘（たしな）められたので、それはそれなりに教育効果があったと思う。

しかし、校風や寄宿舎生活の辛さに耐えかねて、退学、退舎する人もいた。私自身は、中学校時代のバスケットボール部の活動が心の支えとなって、辛くはなかった。当時の寄宿舎は、新潟県全域から100人余りが入舎し、その中には理由は分からなかったが、青森県の人もいた。泣いたり、喚いたり、笑ったりと思い出深い青春群像だった。

「陶人形が優秀賞に」

現在、山形県大石田町の知的障害者施設「水明苑」で暮らしている吉田尚古さん（65）が、陶人形「リカ先生」で「第2回障害者総合美術展」（主催＝東京都・財団法人日本チャリティ協会　1987年）優秀賞（審査員特別賞）を受賞したのは、私が勤めていた東京都青梅市の同種施設「友愛学園」に在園時（57〜92年）で41歳の時だった。

当時、吉田さんは私に、この作品について「オレはね、ボインボインのオッパイが好きなんだよ。この気持ちわかるだろう」と話した。また「ナオはスケべってみんなが言うけど、それ違うんだよ。粘土がね、オレにオッパイ付けろって言うんだ。粘土にはオッパイの気持ちが分かるんだなぁ」とも語ってくれた。

私は吉田さんの話を聞き、「ハッ」とした。私が大学生の頃に学んだ江戸時代の俳人松尾芭蕉の「松のことは松に習へ、竹のことは竹に習へ」ということばを思い出したからだ。吉田さんの何気ない話は、芭蕉に通じているように思った。

その一方で吉田さんは、「リカ先生はよ、シロマット（乳白色の釉薬）じゃないと駄目なんだ。オッパイは白いからね、それにツルツルしているからよ。イヤらしいことなんかないね」と話してくれた。これも驚きだった。というのも、あのフランスでも有名な画家藤田嗣治（1886〜1968年）の裸婦や女性、人物像の乳白色と同じような色彩感覚で、陶人形「リカ先生」の釉薬について語っていたからだった。

私のこじつけと贔屓目（ひいきめ）かもしれないが、吉田さんには生まれながらにして、そういう天性の色彩感覚や造形的な想像力が備わっていたように思う。だからこのような天才の人たちに通じることが、平然と言えたのだろう。

さらに「リカ先生はね、若くてボインボインのオッパイがかわいいんだ。オレはそれを作りたかった。でもね、本物のオッパイに触ったことないよ」と、吉田さんの話は続いた。「オッパイって、本当はどんな気持ちかな。1回でいいから本物に触ってみたいな」ともつぶやいた。

実在のモデルであったリカ先生に、私がそのことを伝えると、「それって受賞記念としてはいい話よね。面白いじゃない。でも、私でなく他の人なら。私はイヤよ。ワッハハハ……」と彼女は笑いとばした。吉田さんのこの切なる願いは実現しなかった。しかしその思いが、彼の制作エネルギーとなって、次々と陶人形を作り出していったことは確かだった。

「縄文の火祀り」

陶芸家加藤炎山さんから、縄文人のように野原で土器を焼いてみようと、「第2回縄文の火祀り」というイベントの実行委員会に誘われたのは、1985年1月末ごろだった。

その当時、私は言葉や文字での意思表示や感情表現が困難な重度の知的障害や、医療ケアを必要とする寝たきりの重症障害のある人たちの文化活動として、何かを考えださなければと思案していた。知的障害児者入所施設「友愛学園」（東京都青梅市）の生活指導員暮らしの中で、ひとり黙々と考えながらも出口が全く見えず、悶々とした日々を送っていた。

それだけに、加藤さんの誘いは何かの突破口につながるのではと、私は直感した。同年2月、実行委員会に出席。実行委には西多摩地域で活動している絵画や陶芸、人形制作の同好会有志10人余りが集まった。実行委員会には、NHKで放映された人形劇「プリンプリン物語」（1975～82年）の人形と舞台美術の製作者で知られる、彫刻・造形作家友永詔三さんを選出。野焼き指導責任者には加藤さんということで、計画案が話し合われた。私は宣伝と「友愛学園」、「滝乃川学園」（同国立市）の知的障害者の参加担当係となった。

「第2回縄文の火祀り」は、その年の4月28～29日の2日間をかけて、深沢キャンプ場（同あきる野市深沢）で開催された。知的障害者を含む約100人が制作した皿、壺、埴輪などの粘土作品150個余りを平地焼き、土中焼き、斜面焼きの三焼成法で焼き上げた。

燃料はシイタケ栽培の廃材ほだ木3千本ほどのほか、木造家屋1軒分の廃材とトラック2台分の赤松丸太や雑木の生木丸太を使った。集めた木材を一昼夜、加藤さんの火加減指導を受けながら燃やし続けた。

イベント最終日の夕方、焼け跡から作品を取り出すと、どういう訳か知的障害者の作品が一番よくできあがったように感じられた。私は内心、「知的障害者には、縄文人に通じる芸術的な感性や感覚が働いているのではないか」と思った。

友永さんは、「これなら、ぼくたちプロ作家と同じレベルの作品展が都心の画廊でできるよ」と、高く評価してくれた。私は彼の言葉に確かな手応えを感じとった。一流の芸術家はやはり見るべき眼力を備えていて、こういう人に巡り会えた幸運を次につなげたいと、心ひそかに思った。

友永さんからの好評価によって、私の胸中で悶々としていた重度や重症障害のある人たちの文化活動に、一筋の光が差したと実感できた野焼きだった。

「日仏交流への道」

心身に障害をもつ人たちの美術展「福祉MY HEART美術展」の第1回展(1986年7月5〜15日・青梅市立美術館)が終わった直後、私は友人の彫刻・造形作家友永詔三さんを訪ねた。

その時、彼は「熊木さん、フランスへ行ったら、ぼくが人形作りを教えた人を訪ねるといい」と、当時フランスのアゼー・ル・リドー町に住んでいた画家セツコ・ウノ・フェンティスさん(54年生まれ。現在はトゥール市在住)を紹介してくれた。

私は妻と小学6年生の娘を伴い、86年8月下旬、ヨーロッパを2週間ほど駆け巡った。その折の8月28日、2人をパリに置いて、私は3時間余り急行列車に乗ってセツコさんを訪ねた。途中で列車の乗り換えがあり、仏語も英語も話せない私にとっては、この上もなく心細い限りの列車の旅だった。

目的地のトゥール駅に着くと、セツコさんと夫の中学校教員ピエールさん(現在は高校と大学の教員)が、プラットホームに出迎えてくれていた。夫妻に笑顔で「心配だったでしょう。もう大丈夫ですから」と言われた時は、日本に無事帰り着いたような心地だった。

夫妻は私のために、トゥール市内の知的障害児学校「レッソー」に訪問のコンタクトをとってくれていた。同校は夏休み中だったが、私が訪問するということで、特別に、ジャクリーヌ・セルソー校長が10人ほどの教員をバカンス先から呼び寄せてくれていた。セツコさんの通訳とピエールさんの助言で、私たちは夕方までディスカッションした。

日本人がこの学校を訪ねたのは、私が初めてだということだった。日本が地図上のどこにあるのか、どんな生活、社会、教育、文化の国なのかと、まるで記者会見のように質問が飛び交った。

ピエールさんの助言とセツコさんの通訳が適切だったことに助けられ、私の話に「ウィ、ウィ」と頷き、先生方は真剣に耳を傾けてくれた。私がフランスについて話すと、「そんなことまで知っているのか」と驚き、日本の知的、文化的、技術的レベルの高さや自然美を知ったようだった。

帰り際にセルソー校長は、「日本の美術展に出品してください」と、生徒の作品5点を私にプレゼントしてくれた。この訪問ディスカッションと作品5点を翌年の美術展に出展したことが信頼関係を築き、私の日仏交流の道は切り開かれていった。友永さん、セツコ・ピエール夫妻のご縁が、私をフランスへと導いたことは言うまでもないことだったが。

「美術展を構想したころ」

そもそも、私が障害児者施設で入所生活を送っている心身に障害がある人たちの心の表現として、美術展覧会の構想に着手したのは、1984年の暮れだった。動機は二つのことだった。

その一つは、82年にヨーロッパ5カ国の社会福祉研修視察（東京都の派遣）で同行した重症児施設「島田療育園」（東京都多摩市）指導員山本治史さんの話だった。その話は、研修帰国の途中の機内で、「明日をもしれない命の人が、絵を描くことで命をつなぎとめている」という内容だった。そして、生きている間に作品発表して本人に思い出を作ってあげたいが、発表の場がないとも語っていた。私は話を聞き、矢が胸に突き刺さるようなショックを受け、「何とかしたい」と思ったこと。

もう一つは、私自身の体験だった。私が知的障害児者施設「友愛学園」（同青梅市）の生活指導員になったのは73年。その年から毎年11月2～4日の3日間の日程で開かれていた文化祭のテーマ絵画制作を4、5年続けて担当した。絵はポスターカラーを使用し、縦4メートル横7メートルくらいに作った画用紙に、学園生が1週間ほどかけて描きあげるものだった。それを会場に面した園舎の外壁に張り出すと、文化祭の雰囲気は想像以上に盛りあがった。文化祭が終わると、絵はごみと一緒に燃やされ、煙となってグラウンドの天空に消えていった。

最初は事情が分からず、「施設ではそういうことなんだ」と思った。しかし、次の年も、また次の年もと繰り返されたので、私は「これでいいのだろうか」と疑問に思った。あの一週間、学園生が丹精をこめて描きあげた「心の花」ともいうべき作品。それを表現文化ととらえる認識がここにはないのかと思うと、私はその行為に異常な感覚と怖さを覚えた。そして、「知的障害者の作品だからと言って、その表現文化を認識できない施設の集団、施設の福祉は危ない」と強く感じたこと。

私は施設の生活指導員になる前、青春の十数年を俳句作家藤田湘子（1926〜2005年）先生に俳句や文学を師事し、その主宰誌「鷹」の編集長を務め、都内の出版社編集部に数年勤めた。その経験から、私なりに自己表現や表現文化について学ぶ機会があった。そんなこともあってなのだろうか。私が「危ない」と感じ、展覧会を考えなくてはいけないと思い立ったのは……。

しかし、当時としては心身障害者の作品に対する表現文化的な認識は浅く、関係者の間でも「そんなことが可能か」と思う人の方が多かった。そういう情勢もあって展覧会開催までには、構想から2年の歳月を要した。

「美術展開催の意義」

今日では心身障害児者の団体美術展やグループ展、個展などは、全国各地で開催されるようになり、特別珍しいことではなくなった。しかし、「福祉MY HEART美術展」がスタートした1986年当時は、「こういう人たちも絵が描けるのか」とか、「障害者の作品を美術館で見るのは初めてだ」という人が大多数であった。

そんな社会状況の中で、私は第1回展の青梅市立美術館市民ギャラリーの会場に、開催責任者、会場案内係として毎日立っていた。

会期中のある日、医療ケアの重症児入所施設「東京都立府中療育センター」の人たちが、施設のバスで見学に訪れた。呼吸器を付けて車椅子に寝たきりの人、歩行器の人、身体を付添者に両脇から支えられている人など、その姿は異様に感じられた。一般の人たちも驚きの目だった。

その集団の引率責任者瀬間弥栄子さんは「今回は院長が特別に外出許可を出してくれたんです」と私にあいさつし、皆さんを紹介してくれた。さらに「この人たちは、生まれて初めて美術館に入って絵を見るんですよ」とも話し続けた。

瀬間さんによると、自分たちの作品が美術館に展示され、それを見学できること、大勢の市民に見てもらえること、そんな現実はこの人たちの生涯にないだろうと思われていたという。「それが今日実現しました。夢の中の出来事のようです」と喜びいっぱいだった。

また、1時間以上もバスに乗って外出し、美術館を見学した後、多摩川の瀬音を聞きながら昼食をとるという。こういう外食許可も初めてのことで、まるで修学旅行のような楽しさ、喜びだとも語ってくれた。その時の瀬間さんの笑顔は、女神のようだった。

「熊木先生、この美術展はただ単に作品を飾って見るだけじゃない。私たちのような外出もままならない重症障害の人にとっては、夢と希望と生きる勇気を与えてくれる美術展だと思います」と瀬間さんは語り、「準備は大変だと思いますが、私たちのような人のためにも、この美術展を続けてください」と励ましてくれた。私は「そういうことにもつながるのか」と教えられ、美術展開催の意義を学ばされた。

「福祉MY HEART美術展」が10周年を迎えた96年7月、瀬間さんはがんで亡くなった。私がそのことを知ったのは、翌年の美術展実行委員会の折、瀬間さんのお姉さんからの手紙であった。何とも痛ましく悲しかった。この美術展を今日まで続けて来られたのは、瀬間さんのあの日の語らいと思いとに支えられてのことであった。

「美術展立ち上げ」

重症の心身障害児医療ケア施設「島田療育園」（東京都多摩市）で、明日をも知れない重症障害の人が、絵が好きで絵を描くことで生命の危機を何度も乗り越えているという。けれども作品発表の場がない。ほかにもそういうケースの人がいるかもしれない。そうした人たちのためにも、国際障害者年の〝完全参加と平等〟へ向かって、公立の美術館に一日も早く発表の場を設けられないものかと、私は考えた。しかし、当時は難しい情勢だった。

それでも、私は何とかしなければと思った。そこで1984年の暮れに、〝多摩心身障害者美術展基本構想〟という私案を作成して、気心の知れた有志数人に検討してもらった。その結果は、とても自分たちが責任を負える内容ではないとの結論だった。無理もないと思いつつ私はあきらめるわけにはいかなかった。

仕方なく私の障害者福祉活動を応援取材してくれていた、元毎日新聞社会部（部長待遇で定年退職）の開真さんを訪ねて相談した。「熊木君、それは素晴らしいことだ。君の情熱と正義感の強さなら、ソフトボール大会と同じように、美術展だってやれるさ」と、相談に乗ってくれた。さらに、「行き詰ったら、いつでも相談に来なさい。ぼくにできることは何でも応援するから」と、力強く励ましてもくれた。

私は開さんの励ましに後押しされ、「200万円くらいまでの費用リスクなら、自己負担で責任を取ればいい」と思い、美術展の取り組みを決断することができた。そして、その取り組み開始の時機を、じっと待った。

すると不思議なことに、その時機に向かって私の身辺が動き始めたのだ。翌85年4月の「縄文の火祀り」、そして7月末からの「福祉ふれあいLIFE展」、そして86年3月の世田谷美術館開館記念展に、紙粘土壁画出展86

へと。

　その流れは、まるでチューブから絵の具が押し出されてくるような感じだった。そして、その絵の具がキャンバスを求めるかのように、同年3月25日、私は青梅市立美術館を訪ねた。当時、主任学芸員の松平修文さんと顔見知りだった管理課長の宮崎廷さんに相談。2人とも一連の出来事や私が持参した資料を見て「こういう作品を集められるのであれば、協力しましょう」と快諾してくれた。これでキャンバスができたぞ、と私は思った。

　私は早速、4月5日に美術展実行委員会を開き、「福祉アブストラクト美術展」（翌年「福祉MY HEART美術展」に改称）を立ち上げ、7月5日〜15日、青梅市立美術館で第1回展を無事開催できたのであった。

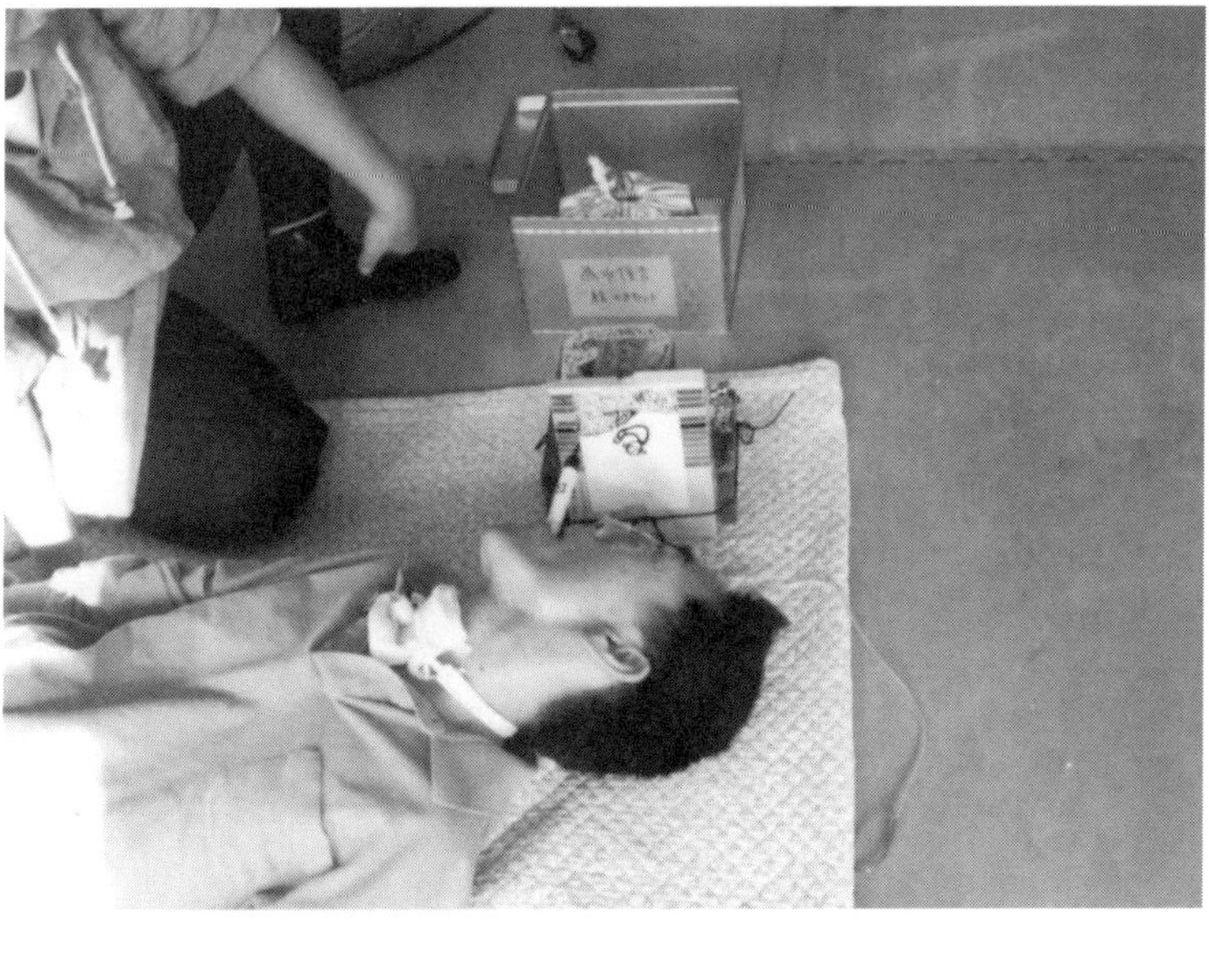

「父子晴れやか」

吉田尚古さんの個展について「ギャラリー巴堂」（東京都新宿区・新宿センタービル）を彫刻・造形作家友永詔三さんと訪ね、具体的に相談した日は、1988年2月16日の夕方だった。

ギャラリーの担当責任者江村亨子さんは、「社長が友永先生の紹介だと言っていましたから、作家と同じ条件で協力します」と、相談に快く応じてくれた。「作家と同じ条件」という江村さんの配慮が、私にはとてもうれしく思われた。

私は個展のタイトルを「福祉TOKYO FOCUS展」、テーマを〝詩えははばたけ　ぼくの恋人　陶人形たちよ〟とした。また会期は、ゴールデンウィークの5月1日から10日に決めた。こんなに良い日程はなかった。ギャラリーのメーン展示棚は漆塗りで、格調高く陶人形が映えるだろうと思った。

展示作品は前年の「第2回障害者総合美術展」の優秀賞（審査員特別賞）受賞作「リカ先生」や「女性」、「髪を結んだ男」などの陶人形34点、花びん6点、絵画5点など。他に吉田さんと同じ「焼き物クラス」班で作業活動に励んでいる人たちにも、陶芸雑器、絵画などを友情出品してもらった。友永さんも売上金は全額作品展の経費に使ってくれと、木版画4点を賛助出品してくれた。

当時、知的障害者の陶人形個展は、東京のみならず全国的にも非常に珍しいケースではなかっただろうか。それと会場が西新宿の超高層ビル群の一つ「新宿センタービル」の中の工芸専門ギャラリーだったことも、珍しいことだった。そんなこともあってか、やはり新聞各紙が吉田さんと「リカ先生」を写真入りで大きく報じてくれた。おかげで大きな話題となった。

この個展を誰よりも喜んでくれたのは、他ならぬ吉田さんの年老いたお父さんだった。「今朝、新聞を見てびっくりしました」と私にあいさつした後、「ナオタカがこうして新聞に出たり、こんなに立派な作品展が開けるなんて、私は夢にも思いませんでした。みなさんのおかげです」と、うっすらと目に涙を浮かべていた。

「親孝行ができて良かったな」と私はそばの吉田さんに声をかけた。「オヤジ、オレ頑張ったな。よーく見てってね。オレ優勝したんだからよ」と、彼はお父さんに照れくさそうに言った。私は吉田さん父子を目の前にして、あらためて父子の晴れがましさと、これまでの辛苦を想像して胸が熱かった。この個展で吉田さんは自信がつき、その後、のびのびと自由な発想で陶人形制作に励むようになった。

「福祉の国スウェーデン」

「国際障害者年」（1981年～90年）のテーマ〝障害者の「完全参加と平等」〟の実現を目指した理念に、北欧から全世界に向けて発信された「ノーマライゼーション」という言葉がある。今もなおこの言葉が、私の頭の中を駆けめぐっている。しかも、いまだに「これ、これだ」と明確に説明しきれないもどかしさがある。

この言葉の社会的な理念と原理を提唱したのは、スウェーデンのベンクト・ニィリエ博士である。同博士は、1982年に発刊された江草安彦氏の著書「ノーマリゼーションへの道」の中で、知的障害者の日常生活の様式や条件について「社会の主流にある人々の標準や様式に可能な限り近づけること」と述べている。

そのベンクト博士に、同年11月の東京都海外派遣研修の際、お会いすることができた。博士は「もう一日遅かったら、私はアフリカの国際会議に出掛けていました。私も日本の皆さんも幸運でした。今、こうして会えたのですから」と言って、丁寧な特別講義をしてくれた。

私は講義を聴きながら「スウェーデンや北欧の国々ではそうかもしれないが、日本ではそんなことが可能なのだろうか」と思案していた。ベンクト博士の話が、自分が働いている施設現場や社会状況を考えると、雲をつかむようなイメージだったからだ。

しかし、障害がある人の「基本的人権」という意味では、私の心は奮い立った。講義の際、「日本の施設では、肥満や成人病予防対策として、入所者の食事制限をしていますが先生はどう思われますか」と質問してみた。

すると、博士は「人は好きなこと、好きなものを食べること、そういう基本的な欲求を最初に認め合うことでしょう。その上で、健康や医療的なケアなど、その人に適した生活環境を整えることです」と切り出した。

そして、何かを制限して、その人らしからぬ人生を送った場合、幸福な人生だったと言えるのかと、逆に問いかけるように話した。

さらに、人は誰しもが、自分の好きなこと、好きなものを食べたい、自由が欲しいと願っているなどの欲求を持っていることを指摘。その上で、「その結果、たとえ死が早まったとしても、その人は幸福な人生だったと満足するはずです。それが自己責任ではないかと思います」と強調した。

私はこの答えを聞いて、「基本的人権」と「自己責任」の社会的な文化の成熟、これが「ノーマライゼーション」の根本なのかもしれないと、私なりに直感できたように思った。

「福祉映画上映会」

私が知的障害児者施設「友愛学園」（東京都青梅市）の生活指導員になって7、8年目の1980年ごろまで、人口10万人余りの青梅市内では、「友愛学園ってどこにあるの」とか「何を教えている学園なの」と、ほとんどの市民に知られていない状況だった。

にもかかわらず、学園内では「施設の社会化」だの「学園生の社会自立」だのと、大仰な議論が交わされていた。当時の私は、学園の存在さえ市民社会に知られていないのに、こんなナンセンスな議論にはついていけないと思っていた。

そんな思いに明け暮れていた中、障害者の「完全参加と平等」をテーマに、81年から「国際障害者年」（～90年）がスタートした。私はこの機会に市民社会に向かって、何か行動を起こさなければならないと思わずにはいられなかった。

私と同じような思いを抱いていた職場の同僚佐藤友之さんが、「国際障害者年の記念映画上映会をやりませんか」と声をかけてくれた。私は「ぜひともやりましょう」と答えた。佐藤さんが代表、私が事務局長の任を務め、81年5月に、職場や市内の有志19人で実行委員会を結成した。

いざ上映活動を開始してみると、市民にとっては無名のメンバーばかりだったこともあり、当初は苦労続きだった。「君たちは何を騒ぎまわっているのか」「国際障害者年をかたって組合活動をしているんだろう」「こういう問題を学校に持ちこまないでほしい」など、迷惑がられるケースもたびたびあった。

しかし、知的障害児者との施設生活、彼ら自身と家族の悲しみや苦しみ、社会的な人権問題などを含め、上映会の趣旨について誠意を込めて説明した。すると、「そうですね。同じ人間同士ですものね」と、それまでの偏見や誤解に気付き、上映会に理解を示してくれる人が意外に多かった。

上映会作品は、熊本県の重症心身障害児施設「芦北学園」と、隣接の「熊本県立芦北養護学校」の日ごろの活動を取り上げたドキュメンタリー映画「いまできること」（中山節夫監督）を選んだ。8月の上映会当日は、台風のため、朝から大雨が吹きつける最悪の天候だった。そんな悪天候にもかかわらず、1400人余りの市民が青梅市民会館大ホールに駆けつけてくれた。佐藤さんも私も、目標の千人を上回る人たちが来場してくれた様子を目にし、感激で涙があふれんばかりであった。

上映活動は翌年から88年までの8年間続けた。その結果、「友愛学園」の存在が青梅市民に知れわたり、「施設の社会化」というテーマについて、学園内で中身のある議論ができるようになった、と私は思った。

「里親グループと再会」

身近なスポットニュースやタウン情報などを取り扱い、東京多摩地域の市町村民に広く愛読されていた週刊紙「アサヒタウンズ」は、朝日新聞の姉妹紙として1989年当時は19万5千部を発行していた。私は同紙記者榎戸友子さんと82年に知り合って以後、障害児者の福祉文化活動について、「これは」と思う折々にはいつも取材応援をしてもらっていた。

「第2回福祉ふれあいFRIENDS展」（89年2月17〜22日・朝日ギャラリー）を取材した榎戸さんの同年3月4日の記事紙面を見て、私は思いもよらないことを知った。

それは千葉県市川市や東京都国分寺市から、この作品展見学に訪れた里親ボランティア「よこいとグループ」のメンバー5人が、出品施設「日の出太陽の家」（東京都日の出町）の入所者五月薫さん＝当時（24）＝と、会場で偶然、数ヵ月ぶりに対面したという出来事だった。その記事は「3歳のころから接してきた薫くんの成長ぶりを目のあたりにして感慨無量です」と20年来、5人が五月さんと里親のつながりを持ち続けてきた感慨を紹介していた。私は五月さんのはにかんだ喜び、偶然の再会に対する5人の驚きと感激ぶりが想像され、これこそまさに〝ふれあいFRIENDS〟ではないかと、作品展の冥利（みょうり）を学ばされた気がした。

この「よこいとグループ」は、行政という〝たて糸〟の中に施設訪問、在宅障害者の実態把握、身寄りのない子供たちの世話、障害児をもつ親たちの悩み相談など、地域の福祉活動を〝よこ糸〟として織り込み、行政への改善を働きかける原動力として30年間、ボランティア活動を続けてきたという。

私は当時、知的障害児者施設「友愛学園」（同青梅市）の生活指導員として、このような息の長い市民ボランティアグループの地道な活動を知り、目からうろこが落ちる思いと敬服の念を抱き、わが器量の小ささに恥じ入るばかりだった。

「日の出太陽の家」からは3人が出品。残念ながら五月さんは出品していなかった。しかし、前年の「第3回福祉MY HEART美術展」（88年7月2～17日・青梅市立美術館）に水彩・クレヨン画「明るい瓦井先生」を出品していた。

　私はその作品が念頭にあったので、その屈託のない絵の表情と榎戸さんの取材記事とを重ね合わせ、あらためてこの作品展が五月さんと里親ボランティア5人とを引き寄せた絆の深さ、不思議さを思わずにはいられなかったのだった。

「癇癪玉だったころ」

「キャーッ、蛇だ！」と教室が大騒ぎ。大好きな大島水恵先生にヤマカガシを投げつけ、私は一目散に学校から逃げ出した。小学3年生の時の悪戯だった。どこをどう逃げ回ったのかは分からないが、昼寝から目覚めると村の鎮守さまの社殿だった。昼食を食べずじまいだったので、「腹が減ったな」と思うだけだった。

学校では大騒動となり、私を捜し回ったが、見つからなかったとのこと。夕方、何くわぬ顔で家に帰ると、「マサ、先生に蛇を投げつけるとは何事だ！　悪タレめが！　夕飯（まんま）なんか食わねぃでぃい！」と、母が夜叉面の形相で私を叱りとばした。

私は授業がいやになると何かしらの悪戯をしでかしていた。習字の時間には隣の人の硯を床に投げつけて割ったり、図画の時間にはクレヨンをポキポキ折ったり、算数の時間に机をガタガタ鳴らしたりと。また先生の注意が癇にさわると教室をとび出し、田圃や小川で泥鰌（どじょう）やおたまじゃくし、メダカとりをしたり、蝗（いなご）や蜻蛉（とんぼ）、バッタなどを捕まえて一人遊びをして過ごした。

遊びに飽きると教室に戻った。「正則は仕様がない子」と先生も生徒も、私のこのような性癖を容認していたらしく、何事もなく教室に迎え入れてくれていた。癇癪玉（かんしゃくだま）の私は、皆の優しくおおらかな空気に包まれ、学校という社会性を学年ごとに学びとっていった。

家でも全く同じだった。

「マサや、カルタがなかったからこの本を買ってきた」と父が正月用品の買い物から帰って来た時、「カルタだと言ったはずだ！」と怒鳴り、本をズタズタに破って囲炉裏の火に投げつけたことがあった。父は悲しそうに私を見つめたが、「この親不孝めが！　父（とと）の気持ちが分からんのか。そんな子は家には要らねぃ！」と母は烈火のごとく、鬼のごとくに怒った。私は母に「母（かっか）は怖いぇ、鬼だ！」と吐き捨て、自分の部屋に逃げこんだ。

そんな時、祖父母はいつも「マサは命拾いした子だ。癇の強い子だから仕方がねぃ」と思っていたらしく、「マサは決して悪い子じゃねいぞ。頭が良くていい子の時がいっぱいあるぞ」と、私を慰めてくれた。

いまになって、当時のことを思い出しても、何が原因ですぐ癇癪を起こしていたのかは分からない。ただ、東京都青梅市にある知的障害者施設「友愛学園」の生活指導員として30年間、入所者とともに生活した経験からしてみると、感情や情緒面、学習面では軽度の学習障害児童であったのかもしれないと思った。

あとがき

絵の小窓は「マイスタイル　広場」に、２００５年4月号から10年12月号まで69回にわたって連載したもの。

この小誌は、学生時代からの畏友竹中俊一郎さんが個人的に編集・発行している月刊誌。「よかったら障害者の美術展や海外交流活動、作品感想など書きませんか」とさそわれ、「そういうことなら」と、気軽に応じた連載だった。

絵や陶芸作品などを手がかりに、あの人、この人、あの日、あの時、あの場所、あの場面と、心のままに記憶の細道を辿り歩いた。道中「エッ」とか「ハアッ」とか「ハテナ」と気付かされた。私なりの温故知新であった。竹中さんの声かけなくしては、〝絵の小窓〟小文連載は実現しなかった。竹中さんにあらためて感謝したい。

一語一会は「新潟日報」新聞の生活欄に、２０１０年4月から12年6月まで第一・第三・第五火曜日掲載で60回ほど書き綴ったもの。

そのきっかけは編集局報道部記者・高内小百合さんが、拙著『娘に乾杯』（２０１０年1月審美社刊）をたまたま目にとめたことによる。

高内さんは同書を読み、担当の生活欄に連載の短文をお願いしたいと２０１０年2月3日、新潟から私を訪ねて来た。私は恐縮の限りだった。

お願いは「熊木さんが書きたいように書いてくだされば結構です」ということであった。話を聞きながら「私のような無名の老人でよいのだろうか」と思いつつも、「書きたいように」とすすめられたので、何の迷いもなく承諾した。連載中は無我夢中であったが、終わってみたら次のような心境で清々しかった。

「ご愛読ありがとうございました。友人で書家の揮毫をいただき、大きな励みであった。その〝一語一絵〟に心身に障害を持つ人たちと歩んだ、私の生き恥を書きさらした。おかげで心がさっぱりした。その人たちに私の人生は救われたのだ。そんな思いが皆さんに伝わっただろうか。心身に障害があるなしにかかわらず、誰もが等しく生き合う人生であってほしいと願う。そう願いつつ、ペンを置くことにしたい。」(「新潟日報」２０１２年6月19日の〝障害者と歩み救われた思い〟より)

連載中は高内さん、編集局報道部記者大日方英樹さん、野上丈史さんに、新聞は人名、地名、年月日等については正確さが求められるので、執筆の際にはくれぐれもご注意くださいとご忠告、ご指導、励ましをいただいたことは忘れ難く、ありがたいことであった。

おわりに、エッセイ集として一冊の本にまとめあげ、出版の労をとっていただいた文化書房博文社編集部・岡野洋士さん、題字揮毫を寄せていただいた書家岡本光平さん、裏表紙絵の作者ＮａｔｈａｌｉｅＧＵＩＯＮ（Ｉ・Ｒ・Ｍ・Ｅ　ＬＥＳ　ＦＩＯＲＥＴＴＩ）さんに心から御礼申しあげます。

２０１７年初冬

熊木正則

略歴

熊木正則（くまき　まさのり）

1943年新潟県南魚沼市（旧塩沢町）樺野沢生まれ。加茂農林高校、東洋大学卒。心身障害者の美術展「福祉MY　HEART美術展」（1986～2012年青梅市立美術館市民ギャラリー）開催。日仏作品交流（87～12年）。「MY　HEART日仏国際交流記念展」（フランス・トゥール市96、07年）共同開催。「パラリンピックを迎え――2008中国・日本・フランス知的障害者芸術作品展」（中国上海市08年）共同開催。日中作品交流（08～12年）。障害者の個展、グループ展なども開催。「NPO法人マイハートインターナショナル」（03年設立～13年解散まで代表理事）の福祉文化活動、国際交流を図る。日本福祉文化学会員。日本ペンクラブ会員。NHK障害福祉賞優秀賞（NHK・NHK厚生文化事業団＝88年）、毎日郷土提言賞最優秀賞（感想文の部・毎日新聞社＝94年）、知的障害者福祉事業功労者賞（日本知的障害者福祉協会＝94年）、読売プルデンシャル福祉文化賞奨励賞（読売新聞社・読売光と愛の事業団＝04年）、青梅市功労者表彰（青梅市＝01、11年）、社会ボランティア賞（ソロプチミスト日本財団＝07年）、福祉文化実践学会賞（NPO法人団体活動として。日本福祉文化学会＝12年）等受賞。共同研究・分担執筆書『入所更生施設のあり方に関する報告書』（日本知的障害者福祉協会）、『地域社会と福祉文化』（日本福祉文化学会・明石書店）、『施設における文化活動の展開』（あすはの会、文化書房博文社）ほか。エッセー集に『心の花』（審美社）、『心の星』（同）、『娘に乾杯』（同）がある。

一語一絵

2017年12月30日　初版発行

著　者　　　熊　木　正　則
発行者　　　鈴　木　康　一
発行所　株式会社　文化書房博文社
〒112-0015　東京都文京区目白台 1-9-9
電話　(03) 3947-2034
FAX　(03) 3947-4976
URL：http://user.net-web.ne.jp/bunka/

印刷・製本　シナノ印刷株式会社

乱丁・落丁本はお取替えいたします。
ISBN 978-4-8301-1301-7 C0036